AF546099

Mit Vergnügen erzählt Michi Strausfeld, die große Kennerin der lateinamerikanischen Literatur und Kultur, die Geschichte von der europäischen Entdeckung eines kulinarischen Kontinents. Und sie schildert die unglaublichen Fusionen, die seitdem stattgefunden haben: wie sich die indigene Esskultur und die kolonialen Küchen während der 300-jährigen Fremdherrschaft gegenseitig befruchtet haben, wie Nationalgerichte, zum Beispiel *Chiles en nogada* oder *Feijoada* entstanden und aus Europa, Asien und Afrika neue Einflüsse hinzukamen. Sie befragt Autoren, Kulturwissenschaftler und Küchenchefs und beschreibt das neue Selbstbewusstsein der jungen Köche und immer mehr Köchinnen aus Lateinamerika.

Mit vielen Rezepten der aus Brasilien stammenden Fernsehköchin Sabine Hueck zum Nachkochen.

Mit Vergnügen erzähl
nerin der lateinameril
Geschichte von der e
narischen Kontinents.
Fusionen, die seitdem
indigene Esskultur ur
der 300-jährigen Frei
haben, wie Nationalge
oder *Feijoada* entstand
neue Einflüsse hinzul
wissenschaftler und K
Selbstbewusstsein der
chinnen aus Lateinam

Mit vielen Rezept
Fernsehköchin Sabine

Michi Strausfeld

Gaumenfreuden

Eine kulinarische Kulturgeschichte Lateinamerikas

mit Rezepten von Sabine Hueck

Verlag Klaus Wagenbach Berlin

Wir danken allen anonymen Köchinnen und Köchen
– Indigenen, Nachfahren der Versklavten, Immigranten –
und allen andren, die mit ihrer Arbeit und ihrem Wissen
die Welt der Gaumenfreuden geschaffen haben
und weiter erschaffen.

Eine Neue Welt für den Gaumen: die phantastischen Küchen von Mexiko, Peru und Brasilien

Kolumbus war besessen von seiner Idee, einen neuen Seeweg nach Indien zu finden. Endlich, nach vielen Jahren der Vorbereitung und des Wartens auf die Finanzierung, konnte er mit drei Karavellen gen Westen segeln. Hauptgrund für die Bewilligung der Gelder durch die Katholischen Könige war der Wunsch Spaniens, sich am lukrativen Gewürzhandel aus Indien und China zu beteiligen. Dieser lag seit Jahrhunderten in arabischen und vor allem in venezianischen Händen. Bereits Alexander der Große hatte Gewürze von seinen Feldzügen mitgebracht, die bald in der Medizin und für Speisen verwendet wurden. Seitdem blühte das Geschäft: Pfeffer, Muskatnuss, Zimt, Safran oder Gewürznelken waren heiß begehrte Luxusgüter. Über die Seidenstraße oder die Arabische Halbinsel und Alexandria gelangten sie nach Europa. Im Mittelalter waren die sogenannten »Pfeffersäcke«, die Kaufleute der Hanse, berüchtigt und wurden beneidet, denn sie verwalteten ein Monopol und bescherten den Bankhäusern unermesslichen Reichtum. Die Fugger waren zum Beispiel sehr im Gewürzhandel aktiv und finanzierten mit den Gewinnen daraus mehrere Expeditionen nach Venezuela, um El Dorado zu finden. Um 1400 hatte ein Pfund Muskatnüsse den gleichen Wert wie sieben Ochsen, Pfeffer wurde sogar in Gold aufgewogen.

Als Vasco da Gama 1498 die Umrundung des Kaps der Guten Hoffnung gelang, erschloss er damit einen neuen Zugang zu Hinterindien und veränderte den europäischen Gewürzhandel damit vollständig: Portugal brach die Vorherrschaft Venetiens und der Araber, Lissabon und Antwerpen entwickelten sich zu wichtigen Handelsplätzen. Das weckte natürlich Begehrlichkeiten, alle Nationen wollten sich unbedingt an diesen Geschäften beteiligen. So entstanden um 1600 die ersten holländischen und englischen Handelsgesellschaften in Asien, die Grundlagen der späteren Kolonien. Die Holländer besetzten die Molukken (Indonesien), die Engländer unter anderem Indien, Afghanistan, Burma und Hongkong, Portugal etablierte sich in Timor, Goa und Macau. Die Geschichte der Herrschaft über diese Länder verlief blutig und grausam, es gab Seekriege und zahllose gewaltsame Auseinandersetzungen mit den einheimischen Bewohnern, die zu ihrer Unterdrückung und teilweisen Vernichtung führten. Auf den mit vielen Kriegen verbundenen Eroberungen bekannter oder unbekannter Territorien bei der Suche nach Gewürzen, Gold und Silber gründet die Jahrhunderte währende europäische Kolonialisierung Asiens, Lateinamerikas und Afrikas.

Kolumbus wähnte sich im Glück, als er 1492 die »Indien« entdeckte und die Spanier auf der Karibikinsel Guanahani an Land gehen konnten. Fasziniert von den friedlichen Indigenen und der überwältigenden Pracht der Natur schrieb der Admiral in einem seiner Briefe an Isabella: »Ich stand am Rande des Paradieses.« Aber er fand weder das ersehnte viele Gold noch den Pfeffer, lernte jedoch den Tabak kennen. Mit ihm, vor allem aber mit den Eroberungen von Mexiko 1521 durch Hernán Cortés und Peru 1536 durch Francisco Pizarro, begann die Globalisierung.

Die Erforschung und Ausbeutung Amerikas während der Kolonialzeit veränderten und prägten die europäische Geschichte. Das betraf auch die Küchen, denn unsere Grundnahrungsmittel Mais, Kartoffeln und Tomaten stammen aus Lateinamerika. Hinzu kommen Chili (zunächst als Ersatz für den Pfeffer geschätzt), Avocado, Kakao und Vanille. Die Schokolade avancierte schon im 16. Jahrhundert zum Modegetränk an europäischen Königshöfen. Dies sind nur die bekanntesten Lebensmittel aus der Neuen Welt. Insgesamt zählt man Hunderte von fremden Früchten und

Gemüsesorten sowie weitere Gewürze, Kräuter, Fische und andere Tiere.

Asien hatte zuvor schon eine Bereicherung des europäischen Speisezettels gebracht, und diese Produkte waren über verschiedene Landwege oder das Meer nach Europa gelangt. Nach der Eroberung der Philippinen durch die Spanier kam der »mexikanische Umweg« hinzu. Die Galeonen aus Manila gingen in Acapulco vor Anker, die Waren gelangten anschließend quer durch das Land nach Veracruz und von dort per Schiff zu ihrem Ziel, nach Sevilla. Bei der Durchquerung Mexikos fanden jedoch kulinarische Fusionen statt, die Mexiko zu einem gastronomischen Schmelztiegel aus drei Kontinenten machten.

Die Geschichte der brasilianischen Küche unterscheidet sich deutlich von der mexikanischen oder peruanischen. Die Portugiesen erreichten Brasilien im Jahr 1500, fanden aber keine prachtvollen Tempel oder Paläste vor wie Cortés in Mexiko oder den unermesslichen Reichtum an Gold und Silber wie Pizarro in Peru. Doch die Fülle der Naturschätze des Landes war (und ist) unermesslich. Dazu zählen nicht nur viele Früchte, Gemüsearten und Tiere. Das Land der Bäume – der Name kommt vom Brasilholz – versorgte die Welt mit Chinin oder Kautschuk, um nur zwei essentielle Güter zu nennen. Entscheidend aber für die Entstehung der brasilianischen Küche ist die Prägung durch die Millionen versklavter Afrikaner, die ihre vertrauten Lebensmittel wie das Dendê-Öl und Kokosmilch großzügig verwendeten, sowie durch die unterdrückten Indigenen des Amazonas, die ihre Grundnahrungsmittel beisteuerten.

Das waren spannende Entwicklungen, eine weitreichende Mestizierung oder Kreolisierung, die während der dreihundertjährigen Kolonialzeit überall in Lateinamerika stattfand. Es ist unmöglich, diese komplexe kulinarische Entwicklung Lateinamerikas auf wenigen Seiten zu behandeln. Der Speiseplan im Cono Sur (Argentinien, Chile, Uruguay) unterscheidet sich stark von dem der karibischen

Inseln, von Venezuela und dem Norden Kolumbiens, denn Klima, Flora und Fauna sind nicht miteinander vergleichbar. Ich beschränke mich daher auf die Geschichte der Küche und der Kochkunst in den beiden damaligen Imperien, auf Mexiko und Mittelamerika einerseits, Peru und Andenländer andererseits. Brasilien, der Kontinent im Kontinent, nimmt wie immer eine Sonderstellung ein. Jedes Land hat seine typischen Nahrungsmittel, die sich in den »Nationalgerichten« wiederfinden, und manche der großen Länder verfügen über gleich mehrere davon, da ihre Regionen sehr unterschiedlich sind. In Peru gibt es den Amazonas-Urwald, die Sierra und den Altiplano sowie die wüstenähnliche Küste. In Brasilien, das über gleich vier Zeitzonen verfügt, existiert ein schier unklassifizierbarer Reichtum an Vegetation. Mexiko und Mittelamerika sind geographisch und klimatisch höchst abwechslungsreich. Alle Länder waren darüber hinaus vielfältigen Einflüssen durch die Immigranten aus Europa, China, Japan und dem ehemals Osmanischen Reich ausgesetzt, den sogenannten ›Türken‹. Die Millionenstädte wurden multiethnisch – und diese Fusionen prägen heute die jeweiligen Küchen.

Selbstverständlich interpretieren die Mexikaner oder Peruaner die Geschichte der »Entdeckung« und Eroberung heute mit gestärktem Selbstbewusstsein und anders, als viele Spanier sie sehen oder gerne sehen würden. Der Schriftsteller Rafael Sánchez Ferlosio (1927–2019) publizierte zum fünfhundertjährigen »Gedenken« 1992 einen fulminanten Text: *Esas Yndias equivocadas y malditas* (Diese irrtümlichen und verdammten Indien) und lehnte den Begriff der »Begegnung« (*encuentro*) ab – er sprach stattdessen von *encontronazo*, von einem gewaltsamen Aufeinanderprallen, desgleichen von Vergewaltigungen anstatt von amourösen Beziehungen. Die Literaturwissenschaftlerin Maria Elvira Roca Barea (*1966) vertrat 2016 eine diametral entgegengesetzte Meinung in ihrem Buch *Imperiofobia y leyenda negra* (Imperiophobie und Schwarze Legende).

Die Debatte um die »Schwarze Legende«, die Gräueltaten der Spanier während der Eroberung und Kolonialzeit, wird regelmäßig von neuem und sehr leidenschaftlich geführt. Der Prozess der »Entkolonialisierung« ist auch zweihundert Jahre nach den Unabhängigkeitserklärungen der lateinamerikanischen Länder längst nicht abgeschlossen.

Im Zuge des Aufbegehrens der Frauen gegen ihre Nicht-Sichtbarkeit oder ihr bewusstes Ausgeklammertwerden aus der (Kultur-)Geschichte häufen sich seit einiger Zeit oft spannende und polemische Auseinandersetzungen von Historikern, Politikern und Intellektuellen beider Geschlechter. Das 21. Jahrhundert sollte und könnte ein Jahrhundert der Neuorientierung zwischen der Alten und der Neuen Welt werden, wenn die Geschichte aus fünf Jahrhunderten auf beiden Seiten des Atlantiks sorgfältig und vorurteilsfrei aufgearbeitet würde. Ein dabei bislang weitgehend vergessener Aspekt betrifft die Küchen Lateinamerikas, die endlich gebührend berücksichtigt und erforscht werden müssten.

Überall auf dem Kontinent nimmt das Familienessen eine bedeutende Stellung ein. Es hält in mehrfacher Hinsicht die Gesellschaft zusammen, zumal notleidende Angehörige mitversorgt werden, da staatliche Hilfen nur spärlich oder gar nicht vorhanden sind. Auch wenn sich viele Gewohnheiten in den letzten Jahrzehnten verändert haben, die Frauen nicht mehr so viele Stunden am Herd stehen (obwohl ihnen dabei immer ihre Dienstmädchen, *chicas*, halfen und helfen), sondern arbeiten gehen, bleibt das gemeinsame Mahl für Klein- und Großfamilien eine ›Institution‹, und bei der *sobremesa*, dem langen Gespräch danach, werden die wichtigen Probleme der Familien erörtert oder gelöst, man debattiert und lästert über die Politik und die Welt. Die Lateinamerikaner feiern viel und gerne und nutzen jeden Anlass für ein festliches und fröhliches Miteinander.

Die Küche hat in letzter Zeit in ganz Lateinamerika an Bedeutung gewonnen. Es gibt eine Vielzahl von beliebten

Fernsehsendungen mit Starköchen und anderen, die sowohl unterhalten wie informieren und belehren. Allerdings darf man nie die immensen sozialen Ungleichheiten im Kontinent vergessen: Aufwändiges Essen können sich nur die Wohlhabenden leisten. Die meisten Menschen hingegen ernähren sich unverändert von den Grundnahrungsmitteln Mais, Bohnen, Kartoffeln, Gemüse und sind froh, wenn genug Essen für die Familie vorhanden ist.

Der weltberühmte peruanische Chefkoch Virgilio Martínez Véliz (*1977) betont, dass sich etwa die Hälfte der weltweiten Biodiversität in Südamerika befinde, was eine nahezu grenzenlose Vielfalt an Texturen und Genüssen bedeute, die es zu schützen gelte und die wir kennenlernen sollten. In seinem Buch *América latina. Gastronomía* (mit mehr als tausend Rezepten) behauptet er: »Kartoffeln, Tomaten, Mais und Chilis sind alltägliche Nahrungsmittel auf der ganzen Welt. Wo immer man sein mag, isst man täglich Lateinamerika, auch wenn man sich dessen nicht bewusst ist.«

Dieses Buch ist der bescheidene Versuch, die Entstehung, Entwicklung und die Fusionen zu skizzieren, die heute zur Wertschätzung insbesondere der mexikanischen Küche (Weltkulturerbe) und zum Hype der peruanischen Gerichte geführt haben. Brasilianische, mexikanische und peruanische Chefs stehen längst selbstbewusst neben ihren europäischen Kollegen. Immerhin hat sich die Kulinarik ungleich besser und gerechter globalisiert als Politik und Weltwirtschaft, und das sollte man nicht vergessen.

Mexiko

Amerika, aus einem Maiskorn
hast du dich erhoben, … aber belaß die Geschichte,
Dichter, in ihrem Grabtuch,
lobpreise mit deiner Leier
in seinem Speichern das Korn:
singe den schlichten Mais der Küchen.

Pablo Neruda

Der Zusammenprall der Alten und Neuen Welt

Hernán Cortés, seine (vermutlich) 437 spanischen Soldaten und fünfzehn Reiter waren sprachlos vor Staunen, als sie Mexiko-Tenochtitlán (das heißt: Ort des Kaktus und Stadt der Mexitli) 1519 erstmals erreichten: Alles war überwältigend, die Tempel, Paläste, das transparente Licht, die erstaunliche Ordnung und Sauberkeit der Lagunenstadt – ein immenser Kontrast zum Schmutz in den damals größten europäischen Städten Sevilla oder Paris. Der bunte, quirlige Markt mit seiner Fülle an Lebensmitteln erinnerte sie an ein Schlaraffenland, denn die Eroberer, die fast alle aus der Extremadura stammten und mit alltäglichem Hunger aufgewachsen waren, hatten nie zuvor einen solchen Überfluss gesehen. Unbekanntes Gemüse, Obst, Geflügel oder Fleisch ohne Ende: »Der Platz ist so groß wie zweimal die Stadt Salamanca, umgeben von Portalen, wo jede Art von Waren angeboten wird«, hielt Cortés 1520 in seinem zweiten Brief an Kaiser Karl V. voller Bewunderung fest und zählte mehrere Seiten lang auf, was er alles beobachtet hatte. Der einfache Soldat Bernal Díaz del Castillo (1496–1584), der im Alter zum besten Chronisten seiner Zeit wurde, behauptete in seiner *Wahrhaften Geschichte der Entdeckung und Eroberung von Mexiko*, dass ein ganzer Tag nicht ausreiche, um alle diese köstlichen Dinge zu beschreiben. 60 000 Menschen brachten jeden Morgen ihre Ware, kauften und verkauften, tauschten und feilschten mit Mais, Paprika, Chili, Tomaten, Kakao, Vanille, Erdnüssen, Ananas, Avocados, Kürbissen, Bohnen oder Kaktusfeigen. Das sind nur einige der 31 Nahrungsmittel, die »Mexiko der Welt schenkte«. Aufgelistet sind sie in einer Ausgabe der Kunstzeitschrift ›Artes de México‹. Viele Bezeichnungen wurden bis heute nicht übersetzt, vielleicht, weil diese Früchte und Gemüsesorten in Europa unbekannt geblieben sind: Capulín, Chayote, Chicozapote, Chipilín, Escamoles, Guanábana, Maguey, Nanche, Pitahaya, Tejocote oder Mamey, der wie »Pfirsich und Aprikose schmeckt, oder besser«. Abbildungen und ausführliche Erläuterungen sind notwendig, um sie verständlich zu machen, und noch immer wissen wir Europäer meist nicht, wie sie schmecken, geschweige denn wie sie zubereitet werden – sie sind uns fremd geblieben.

Der Mexikaner Juan Badiano (1484–1552), der in Xochimilco geboren wurde und Latein in der Schule von Tlatelolco gelernt hatte, übersetzte 1552 ein Traktat der Azteken über 250 Kräuter aus dem Nahuatl ins Lateinische, heute Codex Barberini genannt. Es enthält wunderbare farbige Zeichnungen und wird in der Bibliothek des Vatikans aufbewahrt. Angeblich fanden die Spanier mehr als 10 000 ihnen unbekannte Pflanzen in Mexiko – das jedenfalls behauptet der Romancier Fernando del Paso (1935–2018) in seinem Buch über die mexikanische Küche. Und sogleich zählte er auch die unbekannten Tiere auf, die wohl gerne gegessen wurden: das Manatí (Seekuh), das oft mit einer Sirene verwechselt wurde, der schmackhafte Leguan, das seltene und exquisite Gürteltier, der Spinnenaffe, der Chihahueño-Hund und andere. Ironisch fügte er hinzu, dass die Spanier besorgt waren, weil diese Tiere nicht in der Arche Noah vorkamen – wie aber hatten sie dann die Sintflut überlebt?

Der Zusammenprall der Alten und der Neuen Welt betraf alle Lebensbereiche und war mit viel Gewalt verbunden: im Bett, in der Religion, in Architektur, Kunsthandwerk und Folklore. Natürlich galt das auch für die Küche. Mexikaner und Spanier hatten unterschiedliche Essgewohnheiten und vor allem ein anderes Grundnahrungsmittel: Mais trat in Mexiko an die Stelle des Weizens – für die Eroberer eine herbe Umstellung. Aber schon bald nutzten sie diesen Gegensatz für eine aberwitzige Erklärung ihrer ›selbstverständlichen‹ Überlegenheit: Das Weizenbrot, *el pan*, also maskulin, herrscht über die weibliche *tortilla* aus Mais. Das Brot wird kalt gegessen, ist haltbar, die Tortilla hingegen wird warm verzehrt, ist kurzlebig. Spanier sind also maskulin, Mexikaner feminin, und natürlich herrscht das Patriarchat. Selbst der vielseitige Schriftsteller Salvador Novo (1904–1974), der 1967 ein Standardwerk über die mexikanische Küche publizierte, sprach von Aufnahme, Austausch, Mestizierung. Seiner Meinung nach repräsentierten die aztekischen Nahrungsmittel die scheinbar besiegte, passive und feminine Form des Kontaktes; mit den später aus Spanien importierten Waren, dem maskulinen Element, habe sich eine Dualität entwickelt. Für Novo war diese Begegnung eine glückliche Fügung, denn die Ehepartner zeugten zahlreiche Nachkommen. Diese »Fügung« wird heute zu Recht als unpassender Euphemismus angesehen.

Die Essgewohnheiten der Eroberer und der Indigenen waren ganz verschieden. Während sich die Spanier in der Neuen Welt mit Wonne der Völlerei hingaben, verfügten die Azteken mit Mais und schwarzen Bohnen über eine ausgewogene und seit Jahrhunderten überlieferte Grundnahrung für alle Bewohner im Reich. Sie hatten ein klares Verständnis von einer guten Ernährung. Im Codex Mendoza (1542) heißt es, dass Kinder bis zu drei Jahren eine halbe Tortilla bekommen sollten, den Vier- und Fünfjährigen stand eine ganze zu …, ab dreizehn Jahren betrug ihre Ration zwei Tortillas. Dazu aßen sie Gemüse und Obst.

Huevos rancheros y frijoles refritos con salsa ranchera

Spiegeleier nach Bauernart mit Bohnen-Püree und Salsa ranchera

Für die Ranchero-Sauce

6–8 reife Tomaten (circa 1 kg)
2 Knoblauchzehen
6 Serrano-Chilis

½ Zwiebel
Salz
½ Tasse Wasser
3 EL Pflanzenöl

Für das Bohnen-Pürree
3 EL Pflanzenöl oder Schweineschmalz
1 Zwiebel, fein gewürfelt
2 Knoblauchzehen, fein gehackt
1 Lorbeerblatt
½ TL gemahlener Kreuzkümmel
Salz und Pfeffer
350 g gekochte Bohnen (schwarze oder Wachtelbohnen), die Flüssigkeit aufheben

Für die Huevos Rancheros
ein wenig Pflanzenöl
4 Maistortillas mit einem Durchmesser von 12 cm
Salz und Pfeffer
4 Eier
Korianderblätter zum Garnieren

Zubereitung der Ranchero-Sauce

Die Tomaten, den Knoblauch und die Serrano-Chilis in einer Pfanne oder auf einer Grillplatte ohne Öl rösten; sie sollten braun werden. Die gerösteten Tomaten, den Knoblauch und die Chilischoten zusammen mit der Zwiebel, dem Salz und dem Wasser in einen Mixer geben und fein pürieren. Das Pflanzenöl in einem Topf erhitzen und das Püree hinzufügen. Gut vermischen und 10 Minuten auf kleiner Flamme köcheln lassen. Gegebenenfalls vor dem Servieren nochmals abschmecken.

Zubereitung des Bohnen-Pürrees

Das Öl in einem Topf erhitzen und die Zwiebel anschwitzen. Dann den Knoblauch dazugeben und mit dem Lorbeerblatt, Kreuzkümmel, Salz und Pfeffer weichdünsten. Die Bohnen mit ein wenig Kochflüssigkeit dazugeben und bei hoher Hitze anbraten. Das Lorbeerblatt entfernen und die Bohnen mit einem Kartoffelstampfer grob zerdrücken. Falls die Masse zu trocken ist, etwas mehr Flüssigkeit dazugeben. Die Bohnen sollten sich vom Topfrand lösen, eventuell hierzu nochmals Fett dazugeben und anbraten, sodass die Bohnen schön dunkel, aber nicht verbrannt werden.

Zubereitung der Huevos Rancheros

Die Tortillas mit etwas Pflanzenöl in einer Pfanne leicht anbraten und abgedeckt beiseite stellen.
Die Bohnen in der Pfanne erhitzen, mit Salz und Pfeffer würzen und auf jeder Tortilla verteilen.
Vier Spiegeleier anbraten, sodass das Eigelb nach Belieben flüssig ist. Das Ei jeweils auf eine Bohnen-Tortilla setzen. Mit Ranchero-Sauce und frischem Koriander garnieren. Warm servieren.

Die allmähliche Mestizierung der Küche: Kakao und Vanille

In den ersten Jahrzehnten nach der Eroberung führten die Spanier die ihnen vertrauten Nahrungsmittel ein: Weizen, Gerste, Linsen, Reis, Möhren, Kohl, Zucker, Weintrauben, Zitrusfrüchte, Knoblauch, Olivenöl, Schafe, Schweine und Kühe. Zuvor mussten der Pulque oder der Mezcal, beide aus dem Maguey (Agave) gewonnen, den Wein ersetzen. Seine berauschende Wirkung war stark: »Selbst Quetzalcoatl, der gute der beiden Obergötter, betrank sich eines Tages mit Pulque, den ihm der böse der beiden Obergötter durch einen medizinischen Dämon unterschieben ließ. Das war der Sündenfall. Quetzalcoatl verschwand beschämt, und gerade als man die Zeit für gekommen hielt, dass er seinen Rausch ausgeschlafen habe und wiederkehren könnte, traf – bleichgesichtig und spitzbärtig wie Quetzalcoatl – der Konquistador ein«, liest man beim aus Prag stammenden ›rasenden Reporter‹ Egon Erwin Kisch (1885–1948), der in den 1940er Jahren einige Monate seines Exils in Mexiko verbrachte.

Quetzalcoatl verließ das Land, und einer Prophezeiung nach würde er aus dem Osten zurückkehren. So kam es zu dem folgenschweren Missverständnis: Die Azteken glaubten, die bärtigen Spanier aus dem Osten seien die Emissäre von Quetzalcoatl und leisteten daher kaum Widerstand. Moctezuma begrüßte Cortés sogar mit allen Ehren, wie sie einem Gott geziemten, und bewirtete ihn mit einem Festbankett, das dieser ausführlich beschrieb. Alle Speisen wurden in erlesener Fülle und reinlich serviert, vermutlich auch Pozole, ein festliches Gericht, das die Azteken traditionell am Ende ihrer Blumenkriege anrichteten – den rituellen Kampfhandlungen, bei denen einige Gefangene dem Gott Huitzilopochtli geopfert wurden. Damals, so erfährt man vom Franziskanermönch und Ethnologen Bernardino de Sahagún (1499–1590), wurden auch die angeblich besten Teile des Geopferten im Pozole verzehrt. Inzwischen ist das Gericht zu einem beliebten Eintopf mutiert, dessen Grundlage ein besonders zubereiteter weißer Mais (Nixtamal) ist. Diese teure Sorte Mais wird nur in geringen Mengen angepflanzt; das kleine Dorf Tona in der nördlichen Provinz Tijuana rühmt sich, den besten zu produzieren. Hinzu gibt man Huhn und/oder Schweinefleisch, Avocado, Koriander, viele Chilisorten und Limettenspalten. Dieses Essen wird mittlerweile als lebendige Metapher für das Nationalbewusstsein bezeichnet, und die mexikanische Malerin Frida Kahlo (1907–1954) nahm es in ihr variationsreiches Hochzeitsmenü auf, wie Guadalupe Rivera (1895–1981), die Tochter des Malers und Kahlo-Gatten Diego Rivera (1886–1957), überliefert hat. Juan Pablo Villalobos (*1973) erzählt in seinem Roman *Fiesta in der Räuberhöhle* (im Original 2010), dass die Köchin des Narcokönigs alle Arten Pozole zubereiten konnte: grünen, weißen oder roten, und während des Essens wurden im »Palast« die Kokaingeschäfte mit den Politikern diskutiert.

Pozole rojo

Eintopf mit Mais und Schweinegulasch

Der traditionelle Pozole wird mit einem speziellen Mais (Cacahuazintle, getrocknet) und einem Stück des Schweinekopfes zubereitet. Der getrocknete Mais verleiht dem Gericht einen ganz besonderen Geschmack. Und weil man diesen Mais nicht so einfach bekommt, nutzen wir ein Rezept mit Mais aus der Dose.

Für die Suppe
600 g Schweineschulter oder Schweinelende, ohne Knochen, gewürfelt
300 g Schweinerippchen
1 weiße Zwiebel, geviertelt
3 Knoblauchzehen
1 ½ l Wasser
1 Lorbeerblatt
½ TL Kreuzkümmel, gemahlen
Salz, nach Belieben

Für die Sauce
je 3 Guajillo- und Ancho-Chilli, getrocknet
2 Knoblauchzehen
½ mittelgroße Zwiebel, halbiert
200 ml Wasser
⅓ TL Salz
½ TL Mexikanischer Oregano
2 EL Pflanzenöl

Zum Anrichten
½ Eisbergsalat und/oder Weißkohl, fein geschnitten
⅓ Bund Koriander, fein gehackt
1 Zwiebel, fein gehackt
1 Bund Radieschen, geschnitten
1 Limette, geviertelt
1 Avocado, in Scheiben
Mexikanischer Oregano
Totopos (geröstete Tortilla-Chips)

Außerdem
2 Dosen weißen Pozole-Mais (je 425 g), gespült und trockengetupft

Zubereitung der Suppe

Schweineschulter oder -lende und Schweinerippchen mit der Zwiebel, dem Knoblauch, Wasser, Lorbeerblatt, Kreuzkümmel und Salz in einen Topf geben und zum Kochen bringen.
Sollte sich auf der Oberfläche Schaum absetzen, diesen einfach mit einer Kelle abschöpfen. Sobald das Fleisch gar ist (etwa nach 1 ½ Stunden), dieses und die Zwiebel, den Knoblauch und das Lorbeerblatt aus dem Topf nehmen. Das Fleisch beiseite stellen.

Zubereitung der Sauce

Die Chilis entkernen und den Stiel abschneiden. Eine Pfanne erhitzen und ohne Zugabe von Fett die Chilis, den Knoblauch und die Zwiebel von allen Seiten anrösten und die Chilis als Erstes herausnehmen.
Einen Topf mit 200 ml Wasser erhitzen und die Chilis 15 Minuten darin einweichen lassen. Die Chilis inklusive des Einweichwassers in einem Mixer zusammen mit allen Zutaten, auch den gerösteten, bis auf das Öl zu einer Sauce mixen und durch ein feines Sieb geben. Das Öl in der Pfanne erhitzen und die Sauce darin anbraten und mit Salz abschmecken.
Die Sauce, den Mais sowie das beiseite gestellte Fleisch zum Sud geben und einige Minuten langsam köcheln lassen. Nochmals mit Salz abschmecken.

Anrichten

Salat/Weißkohl, Koriander, Zwiebel, Radieschen sowie Limetten, Avocado und Oregano jeweils in kleine Schüsselchen verteilen. Pozole in Schalen oder Teller füllen und mit den Beilagen servieren.
Übrigens: Am nächsten Tag schmeckt der Eintopf noch besser!

Cortés lernte auch das wunderbare Schokoladengetränk kennen, dessen Bohne in seinen Augen einer Mandel ähnelte. »Sie wird gemahlen verkauft und genießt sehr hohes Ansehen. Sie dient als Währung, mit der man auf dem Markt alles kaufen kann, was man möchte«. Bei dem Franziskaner Bernardino de Sahagún liest man: »Dieser Kakao, wenn man viel davon trinkt, wenn man viel davon zu sich nimmt, besonders von dem, der grün ist, der zart ist, macht einen betrunken, hat eine Wirkung auf einen, macht einen krank, bringt einen durcheinander. Wenn eine normale Menge getrunken wird, macht er einen froh, erfrischt einen, stärkt einen. So wird gesagt: ›Ich nehme Kakao. Ich befeuchte meine Lippen. Ich erfrische mich‹«. Der italienischstämmige Chronist Pedro Mártir de Anglería (1457–1526) entdeckte noch eine weitere positive Wirkung dieses wunderbaren und für den Menschen so nützlichen und angenehmen Getränks und hielt in seinen *Dekaden über die Neue Welt* fest, dass es seine Besitzer vor der höllischen Pest des Geizes bewahre, denn es lasse sich weder vergraben noch lange aufbewahren.

Der Kakao war in Zeiten der Eroberung zunächst hohen Würdenträgern und Priestern vorbehalten, sein Handel unterlag strengen Kontrollen. In seinem Traktat *Buch der Schokolade* erläutert Ignacio H. de la Mota 1992 den göttlichen Ursprung, seine Verwendung als religiöses Getränk bei den Azteken, den Export nach Spanien, den Kakao als Liebesboten oder als nützliche Medizin und vieles mehr. In den zahlreichen Klöstern des Landes wurde Kakao jeden Tag als kalorienreiche Ergänzung der oft höchst bescheidenen Mahlzeiten gereicht, Kranke erhielten ihn gleich mehrmals am Tag für eine schnellere Genesung. Die indigenen Dienstmädchen durften ihn zubereiten, selbst jedoch nur ein Tässchen zu besonderen Feiertagen trinken. Schokolade war und blieb teuer. Um 1529 gelangte das bereits legendäre Getränk nach Spanien, Kardinal Richelieu führte es um 1660 in Frankreich ein, und von Kaiserin Maria

Theresia von Österreich heißt es, dass sie es genussvoll im Verborgenen zu sich nahm. Alexander von Humboldt studierte bei seinem Aufenthalt in Mexiko 1803 den Anbau und stellte fest, dass er sehr vernachlässigt wurde, obwohl der Kakao doch ein begehrtes Gut war, das längst als Kostbarkeit an den europäischen Höfen kredenzt wurde: Aus Mexiko kamen Schokolade und Vanille ›aus der schwarzen Orchidee‹, Europa fügte Milch und Zucker hinzu, daher bezeichnete man den Trank als mestizisch, eine Mischung.

Genauere Informationen über die Flora Neuspaniens

Auf dem Vormarsch von Veracruz nach Tenochtitlán, so erzählt es Bernal Díaz del Castillo, fürchteten die Spanier mehrmals, im Kochtopf der Indios zu landen, gegart in der ihnen unbekannten Sauce aus Tomaten, Chili und Salz, genannt Chimole. Sie hatten jedoch Glück, überlebten alle Gefahren und konnten mit Hilfe der vielen verbündeten indigenen Völker nach langen Kämpfen die gigantische Metropole Tenochtitlán erobern, die damals etwa 200 000 Bewohner zählte (anderen Angaben zufolge waren es sogar 300 000).

1570 reiste der Leibarzt von König Philipp II., Francisco Hernández (1514–1587), nach Neuspanien und verfasste die ersten wissenschaftlichen Texte über die Pflanzen der Neuen Welt. Sieben Jahre lang durchquerte er das Land und übermittelte dem König seine Erkenntnisse: Insgesamt schrieb er sechzehn Bände, und sie enthalten sogar einige Rezepte. Ähnliches hatte Bernardino de Sahagún schon früher geleistet: Sechzig Jahre lebte er mit den Indigenen zusammen und konnte dank ihrer Informationen und Zeichnungen eine erste Enzyklopädie der aztekischen Welt in Nahuatl und Spanisch verfassen. Sahagún beendete seine Arbeit an der Chronik *Aus der Welt der Azteken* 1569. Das elfte Kapitel berichtet »von den verschiedenen Tieren, den Vögeln, den Fischen und von den Bäumen und Kräutern, von den Metallen, die in der Erde ruhen – Zinn, Blei und noch andere, und von den verschiedenen Steinen«. Die medizinische Verwendung der Heilkräuter zeugt von einem bis heute erstaunlichen Wissen.

Der Indienrat und die Inquisition verboten die Publikation aus Angst, die Mexikaner könnten sich auf ihre ruhmreiche Vergangenheit berufen und die spanische Herrschaft und Ausbeutung ablehnen. Der Text enthielte zu viel Positives über die ›Götzenanbeter‹ und ›Barbaren‹, denn Sahagún hatte auch die Götterwelt, astrologische Weissagungen, das aztekische Herrschaftssystem, die Moral- und Naturphilosophie beschrieben. Der Mönch arbeitete unermüdlich weiter an seinem Lebenswerk, ergänzte und erweiterte es bis zu seinem Tod. Das Manuskript erlitt ein abenteuerliches Schicksal, wurde heimlich kopiert, verschwand dann aber in Giftschränken, bis ein Bibliothekar 1793 zufällig ein Exemplar in Florenz entdeckte, daher die Bezeichnung Codex Florentinus. In Mexiko erschien das komplette Werk erst 1827, also nach der Unabhängigkeit. Inzwischen ist es Schullektüre im Land und Weltkulturerbe.

Salsa de chipotle

Chipotle-Sauce

Eine köstliche, nicht zu scharfe Sauce mit geräucherten Chilis.

4–5 große Tomaten
2 Knoblauchzehen
1 Dose Chipotle-Chili (200 g)
100 ml Wasser
4 EL Öl
½ Zwiebel, klein gehackt
Meersalz und Pfeffer

Zubereitung
Die Tomaten, Knoblauchzehen, Chilis und das Wasser in einem Standmixer pürieren. Öl erhitzen und die Zwiebel darin anbraten. Die Sauce aus dem Mixer hinzufügen und etwa 7 Minuten leicht köcheln lassen. Mit Salz und Pfeffer abschmecken.

Die Klöster als Laboratorien: Mole und Chiles en nogada

Im 16. Jahrhundert begannen sich die spanischen und indigenen Küchen allmählich zu vermischen: Es entstand im Wesentlichen der bis heute für Mexiko charakteristische »mestizische« Speiseplan. Irdene Kochtöpfe wetteiferten mit metallenen Pfannen, Kochlöffel aus Holz mit denen aus Eisen. Langsam und sanft – wie in den Schlafzimmern (!) – sei das Mestizentum in den Küchen der Klöster und Paläste geboren worden, das die opulente Einzigartigkeit der mexikanischen Kochkunst ausmache, weil Spanier und Indigene vereint arbeiteten, wie es Salvador Novo formulierte. Die überall sich ausbreitenden Klöster waren vieles in einem: Armenhaus, Krankenhaus, Waisenhaus, Schule und sogar Herberge. Ihre Wertschätzung und Macht überdauerte Jahrhunderte, und ihr gastronomischer Einfluss währte bis ins 19. Jahrhundert.

Schon 1530 wurde das erste Frauenkloster El Real Convento de la Concepción gegründet. Im 17. Jahrhundert waren bereits fünfzehn verschiedene Orden allein in der Hauptstadt tätig. So suchte etwa der immer hungrige Pícaro Pedro, Protagonist des ersten mexikanischen Romans von José Fernández de Lizardi (1776–1827), *El Periquillo Sarniento* (1816), Zuflucht in einem Kloster, weil es dort immer etwas zu essen gebe. Allerdings überzeugte ihn das Angebotene nicht, daher suchte er schnell das Weite. Das Buch spiegelt die desolate Lage der Armen dieser Zeit wider, die in Scharen im ganzen Land auf Suche nach Arbeit umherwanderten. Sie kannten die reichhaltige Küche der Klöster nur vom Hörensagen. Die Frauen- und Männerorden boten zudem Reisenden während der Kolonialzeit die einzig mögliche Unterkunft, denn die Genehmigung, ein Gasthaus zu betreiben, gab es erst 1526.

Die Klostergärten dienten als Versuchslabor für die Landwirtschaft und für innovative Kreuzungen von einheimischen und importierten Pflanzen. Wichtiger noch waren die großen Kochstuben, in denen es zunächst nur ein Nebeneinander gab: Die spanischen Nonnen aßen andere Gerichte als die Kreolinnen (wie die in der Neuen Welt geborenen Töchter der Spanier genannt wurden) und ihre jeweiligen Dienstboten. Einheimische Gerichte galten den Spaniern als minderwertig. Erst allmählich kam es zu einer Vermischung der verschiedenen Lebensmittel, zu einem neugierigen Miteinander. Neues wurde ausprobiert, Mörser und Metate (der Mahlstein für den Mais) endlich auch gemeinsam benutzt.

Berühmtestes Beispiel einer gelungenen Vermischung ist das Rezept des Mole poblano. Das Wort stammt aus dem Nahuatl »mulli«, was Sauce bedeutet. Sor Andrea im Kloster von Santa Rosa kreierte 1681 in Puebla de los Ángeles eine komplexe neue Sauce, um Vizekönig Tomás Antonio de la Serda y Aragón (1638–1692) bei seinem Besuch etwas Besonderes anzubieten. Die ›zehnte Muse Mexikos‹, Sor Juana Inés de la Cruz (1648–1695), verfasste ein Gedicht für diesen Anlass. Das Gericht gilt als ein Höhepunkt der mexikanischen Küche, im Volksmund ist es »ein Gedicht für den Gaumen« – wie die mexikanische Erfolgsautorin Laura Esquivel (*1950) in ihrem (auch verfilmten) Roman *Bittersüße Schokolade* (im Original 1989) erläutert. Ángeles Mastretta (*1949) lässt ihre Protagonistin aus *Mexikanischer Tango* (im Original 1986) einen Kochkurs bei Nonnen besuchen, die übliche Ausbildung für junge Mädchen aus gutem Haus. Dort lernt sie den Mahlstein kennen:

»Wir wechselten uns ab bei dieser Knochenarbeit. Eine nach der anderen standen wir an dem Stein und stemmten die steinerne Walze über die Chilischoten, Erdnüsse, Mandeln und die Kürbiskerne. Wir bekamen die Zutaten trotzdem nicht zu Brei«. Auch Alfonso Reyes (1889–1959), Dichter und Kulturphilosoph, moralische Instanz und Lehrmeister der Nation zu Beginn des 20. Jahrhunderts, beschäftigte sich ausgiebig mit dem Mole und preist seine Einzigartigkeit:

»Der Truthahn-Mole ist das Element des Widerstands in unserer Küche, der Stolperstein des Kochens und Essens, und den Mole zu verweigern kann man fast für einen Verrat am Vaterland halten. Der pompös aufgeschichtete Truthahn, bedeckt von seiner dunkelroten Soße und serviert auf der weiß-blauen Platte, einer Fabrikation aus Puebla, getragen von den runden, bronzefarbenen Armen einer riesigen indigenen Ceres ... aus weniger hat man schon Mythen erschaffen«.

Und er fügte sogar ein Rezept hinzu: »Für einen Truthahn nehme man vierzig geröstete und eingeweichte Rosinen, vier Stück Brot und ein paar in Schmalz geröstete Tortillas, zweieinhalb Pfund Schokolade, etwas gerösteten Chilisamen, dazu ein wenig von allen Gewürzen und gerösteten Sesam. Alles fein gemahlen in Wasser auflösen und in Schmalz braten. Dann mit etwas Zimt würzen, einen Schuss Essig und ein Stück Würfelzucker hinzufügen. Wenn das fertig ist, den geviertelten Truthahn dazugeben. Für den korrekten Mole, wie man sieht, fehlt noch die Mandel, und Schokolade ist bereits ein Luxus. Dann entfalte jeder Einzelne seine Kreativität.«

Traditionell enthält der Mole poblano zwanzig Ingredienzen, die in diversen Kochbüchern genau aufgelistet werden. Manche verunglimpfen ihn als ›mexikanischen Curry‹, aber hier sollte man keinen Vergleich ziehen, denn das anspruchsvolle mexikanische Gericht ist ›dunkel‹ und schmeckt ganz anders. Mole gilt nach wie vor als kulinarischer Höhepunkt und Symbol der mexikanischen Küche, seine korrekte Zubereitung erfordert Sorgfalt und Zeit. Bei Laura Esquivel brauchen die Protagonistin Tita und ihre Helferinnen mehrere Tage für die Vorbereitung des Truthahns und etliche Stunden für den Mole.

Mole poblano con pollo

Hähnchen mit Schokolade und Chilisauce

Für das Huhn

4 Hähnchenschenkel, je 500 g, bzw. 2 kg insgesamt
1 geschälte und halbierte Zwiebel
2 Lorbeerblätter
8 gemahlene Pfefferkörner
2 cm frischer Ingwer
Suppengemüse
Meersalz

Für den Mole

5 Ancho-Chilis
5 Chilis mulatos
2 Pasilla-Schoten
2 gehackte Zwiebeln
5 Knoblauchzehen
3 reife Tomaten
70 g Erdnüsse oder Walnüsse
70 g Mandeln
30 g Kürbiskerne
80 g Sesamkörner
3 Nelken
1 Zimtstange
½ TL Kreuzkümmelsamen
½ TL Anissamen
6 EL neutrales Öl
Maistortillas, Cornflakes ohne Zucker oder altbackenes Brot
1 sehr reife Kochbanane
1 EL Sultaninen (in warmem Wasser eingeweicht)
2 TL brauner Zucker
70 g Schweineschmalz

80 g Zartbitterschokolade (mindestens 70% Kakaoanteil), gehackt
Meersalz

Zum Anrichten

½ TL Oregano

Zubereitung des Huhns

Die Schenkel mit der Zwiebel, Lorbeerblätter, Pfeffer. Ingwer, grob geschnittenem Suppengemüse und Salz in einen Topf geben.
Mit etwa 2 Liter Wasser bedecken, zum Kochen bringen und 20 Minuten zugedeckt köcheln lassen. Abkühlen lassen, das Fleisch herausnehmen und die abgeseihte Hühnerbrühe aufbewahren.

Zubereitung des Mole

Für einen rauchigen Geschmack die Kerne der verschiedenen Chilis entfernen und die Chilischoten in der Pfanne ohne Öl anrösten. Anschließend aus der Pfanne nehmen und 30 Minuten lang in etwas warmem Wasser einweichen.
In der gleichen heißen Pfanne die Zwiebel, den Knoblauch und die Tomaten ohne Öl anrösten, dabei mehrmals umrühren. Beiseite stellen.
Die Erdnüsse oder Walnüsse, Mandeln und Kürbiskerne ebenfalls rösten. Mit den Sesamkörnern ebenso verfahren, bis sie leicht gebräunt sind, dabei darauf achten, dass sie nicht anbrennen, aus der Pfanne nehmen (2 EL zum Garnieren aufheben). Dann alle Gewürze kurz rösten, in einen Mörser geben und fein mahlen.
3 EL Öl in einer Pfanne erhitzen, die Tortillas, Cornflakes ohne Zucker oder altes Brot darin braten.
Die Kochbanane mit einen Messer schälen und in dicke Scheiben schneiden. Öl in einer Pfanne erhitzen und die Kochbananenscheiben von allen Seiten gut anbraten. Sobald sie goldbraun sind, die Sultaninen und den Zucker hinzufügen und erhitzen, bis sie karamellisieren.

Aus der Pfanne nehmen und beiseite stellen. Die Chilischoten mit dem Wasser mixen. Für die Sauce alle Zutaten bis auf Schmalz und Schokolade vermengen und mit der Hühnerbrühe pürieren.
Das Schmalz in einer Pfanne erhitzen, die pürierte Masse hinzufügen. Die Schokoladenstücke dazugeben und 5 Minuten köcheln lassen, bis die Sauce dunkel wird und das Fett aufsteigt. Nach Geschmack würzen.
Seien Sie vorsichtig, denn die Sauce brennt leicht an. Sie sollte leicht dickflüssig sein und auf dem Huhn haften. Falls sie zu dickflüssig wird, etwas mehr Hühnerbrühe hinzufügen.

Anrichten

Das Hähnchen erhitzen (bei 140°C etwa 25 Minuten lang backen).
Auf einer Servierplatte oder auf einzelnen Tellern anrichten und die Hähnchenschenkel dick mit Mole bestreichen. Mit den übrigen gerösteten Sesamkörnern und Oregano bestreuen und alles mit weißem Reis oder Tortillas servieren.

Tipp

Diese Sauce erfordert Zeit und mehrere Arbeitsschritte, aber es lohnt sich. Es empfiehlt sich, die Menge jeder Zutat zu verdoppeln und mit ein wenig Hühnerbrühe zu pürieren (es ist immer besser, nur wenig Brühe zu verwenden), um mehr Sauce zu machen. Anschließend in Portionen aufteilen und einfrieren. Auf diese Weise können Sie bei Bedarf etwas von dieser leckeren Sauce auftauen.

Im Kloster Santa Mónica, ebenfalls in Puebla, kreierten die Augustinernonnen ein weiteres Festessen: »Und es entstanden – oh Höhepunkt, Gipfel, Klimax des gastronomischen Mestizentums – die gefüllten Chiles, mit Käse, Gehacktem, Rosinen, Mandeln und Zitronat … bis hin zur Goldschmiedearbeit, die mit Rubinen gekrönten Chiles en nogada (süße Walnusssauce) aus den Klöstern«. Das schrieb Salvador Novo, die Autorität der mexikanischen Gastronomie. Es heißt, dass das Gericht zur Feier der Unabhängigkeit Mexikos 1821 erstmals serviert wurde.

Der Essayist und Lyriker Adolfo Castañón (*1952) liefert die historische Erläuterung. »Die gefüllten Chiles halten triumphalen Einzug in die mexikanische Geschichte in dem Augenblick, als Don Agustín de Iturbide zum Kaiser gekrönt wird und man ihm ein Festmahl anrichtet, das die drei Farben der mexikanischen Flagge aufweist: das Grün der Chiles, die weiße Walnusssauce und das Rot der Granatapfelkerne.«

Die Farben repräsentieren die drei Grundpfeiler des Staates: Religion, Einheit und Unabhängigkeit. Einer anderen Überlieferung zufolge bedeuten sie: Glauben (weiß), Hoffnung (grün) und Nächstenliebe (rot). Und es gibt weitere Versionen, wie die prosaische der drei Soldaten, deren Verlobte in Puebla lebten und mit Hilfe der Jungfrau der Hl. Rosario und San Pascual Baylón das Gericht herbeizauberten.

Castañón gibt seine Version des komplizierten Rezeptes und endet: »Aufgrund der Verschiedenheit der Ingredienzen hat man geglaubt, in den gefüllten ›Chiles in Walnusssauce‹ eine Metapher der nationalen Einheit zu sehen«. Diese patriotische Interpretation gilt bis heute.

Wie kompliziert das Gericht ist, zeigt das Rezept, wie es Laura Esquivel für das Hochzeitsfest vorgibt:

25 frische Poblano-Pefferschoten, 8 Granatäpfel, 100 frische Walnüsse, 100 g Parmesankäse, 750 g saure Sahne oder Crème fraîche, 1 kg Rinderhack, 100 g Rosinen, ¼ kg Mandeln, ¼ kg Pekan-Nüsse, 1 kg Fleischtomaten, 2 mittelgroße Zwiebeln, 2 Tassen Zitronat, 1 Pfirsich, 1 Apfel, Kümmel, Weißer Pfeffer, Salz, Zucker.

Ausführlich beschreibt die Autorin die einzelnen Etappen der Zubereitung: »Die Walnüsse müssen einige Tage vorher geschält werden, da diese Arbeit höchst aufwändig ist …, denn es muss noch die Haut von der Nuss abgezogen werden. … Sind alle Walnüsse zu Ende geschält, werden sie zusammen mit dem Käse und der Sahne auf dem Metate zermahlen. Zum Schluss würzt man mit Salz und weißem Pfeffer nach Geschmack. Die Nusstunke wird über die gefüllten Pfefferschoten gegeben und mit den Körnern der Granatäpfel dekoriert.«

Es folgen die Anweisungen für die Füllung und die Behandlung der Chiles. Das Ergebnis übertrifft zuletzt alle Erwartungen der Gäste. Nach dem Verzehr breitet sich im Roman eine Liebesekstase unter den Eingeladenen aus…

Chiles en nogada

Gefüllte Paprikaschoten mit Walnusssauce und Granatapfelkernen

Für die Paprika- oder Chilischoten
4 große Poblano-Paprika (oder grüne Paprika)
40 g Butter
4 EL Olivenöl
1 Zwiebel, fein gewürfelt
2 Knoblauchzehen, gehackt
2 Tomaten, fein gewürfelt
400 g Schweine- und Kalbhackfleisch gemischt
2 EL Rosinen (circa 50 g)
1 Birne, in dünne Scheiben geschnitten (circa 80 g)
1 Pfirsich oder getrocknete Aprikose, gewürfelt
1 mittelgroßer Apfel, fein gehackt
340 g gehackte Dosentomaten
½ TL Zimtpulver
½ TL gemahlene Nelken
1 Prise gemahlene Muskatnuss
1 Lorbeerblatt
1 Spritzer trockener Sherry
50 g fein gehackte Walnüsse

Für die Walnusssauce
200 g Walnusskerne, am Vorabend in etwas Milch eingeweicht
150 g cremiger Ziegenkäse, Frischkäse oder Crème fraîche
100 ml Milch
1 TL Rohrzucker
1 Spritzer trockener oder süßer Sherry (optional)
Salz

Zum Anrichten
Kerne von 1 Granatapfel
gehackte Petersilie

Zubereitung der Paprika- oder Chilischoten

Um die Haut zu entfernen, schneiden Sie die Chilis der Länge nach ein und rösten sie auf einem Rost im vorgeheizten Ofen bei 200°C. Alternativ können Sie sie auch über der Flamme eines Gasherds rösten, auf allen Seiten, bis die Haut dunkel, aber nicht verbrannt ist. Die Haut abziehen, die Schoten öffnen und die Kerne entfernen.

Zubereitung der Füllung

Einen großen Topf mit Butter und Olivenöl erhitzen. Zuerst die Zwiebel und Knoblauch dünsten, bis sie glasig sind.
Die gewürfelten Tomaten dazugeben und unter Rühren circa 5 Minuten andünsten. Das Hackfleisch hinzufügen und 10 Minuten lang braten.
Jetzt Rosinen, Birne, Pfirsich, Apfel und die Tomaten aus der Dose, alle Gewürze und das Lorbeerblatt hinzufügen, mit dem Sherry beträufeln und etwa 10 Minuten köcheln lassen. Falls das Ganze zu trocken ist, ein wenig Wasser hinzufügen. Die fein gehackten Walnüsse hineingeben und umrühren. Die Konsistenz sollte nicht zu flüssig sein.

Zubereitung der Nogada-Sauce

Die eingeweichten Walnüsse schälen und dabei so viel Haut wie möglich entfernen. Alle Zutaten für die Nogada in einen Mixer geben und cremig pürieren. Mit Salz würzen und bis zum Servieren in den Kühlschrank stellen.

Anrichten

Etwas von der heißen Füllung in jede Chilischote geben, verschließen und mit der Öffnung nach unten auf vier Teller legen. Die Nogada-Sauce über die Chilis gießen und mit Granatapfelkernen und Petersilie garnieren. Das Gericht wird traditionell warm serviert.
Dazu Weißbrot reichen.

Tipp

Um den Chilis die Schärfe zu nehmen, kochen Sie sie etwa 5 Minuten lang in Zuckerwasser.

Auf- und Abwertung der mestizischen Kochkunst

Castañón führt die Geschichte der berühmten Speise weiter aus: »Man weiß, dass gefüllte Chiles eines der am meisten verbreiteten Gerichte zu Beginn des 19. Jahrhunderts war, denn ein öffentlicher Gemeindeaufruf verbot sie – natürlich vergebens. Gefüllte Chiles können als Emblem des Mestizentums und des Zusammenlebens während der drei langen Jahrhunderte des Vizekönigtums angesehen werden.«

Das Gericht trat in den Hintergrund, als die französische Küche im 19. Jahrhundert eine immense Wertschätzung durch die Oberschicht erfuhr. Für den Hofstaat war es nicht »fein« genug, zu indianisch. Die große Aufwertung erfolgte erst wieder im 20. Jahrhundert nach der Revolution 1910, die zu einer dezidierten Rückbesinnung auf die aztekische und mestizische Küche führte. Künstler wie Diego Rivera oder Frida Kahlo, Intellektuelle wie Alfonso Reyes oder José Vasconcelos (1882–1959), der bedeutende Erziehungsminister, der bahnbrechende Neuerungen einführte, unter anderem eine Alphabetisierungskampagne im ganzen Land, lobten das überlieferte Festessen. Vasconcelos behauptete darüber hinaus, eine Zivilisation sei nicht vollständig, wenn sie die tropischen Früchte nicht einbeziehe, das war sein Seitenhieb auf die französische Küche. Sergej Eisenstein verkündete während der Dreharbeiten zum Film *Que viva Mexico! (Es lebe Mexiko!)* 1931, er habe im ganzen Leben nichts Köstlicheres gegessen. So verbreitete sich die Wertschätzung der Chiles en nogada, die heute Staatsgästen gerne serviert und in den Großfamilien für den Nationalfeiertag zubereitet werden.

Auch der italienische Autor Italo Calvino (1923–1985) kostete das Gericht auf seiner Reise durch Mexiko und hielt die Eindrücke in der längeren Erzählung *Unter der Jaguar-Sonne* fest: »das waren rotbraune, etwas runzlige Peperoni in einer Tunke aus Nüssen, deren pikante Herbheit und bitterer Grundgeschmack sich in einer cremig-süßlichen Nachgiebigkeit verloren«. Seine Schlussfolgerung: »Seit jenem Moment evozierte der Gedanke an Nonnen in uns die Köstlichkeiten einer raffinierten und kühnen Küche, einer Küche, deren ganzes Bestreben es ist, die extremen Noten der Geschmacksskala ins Vibrieren zu bringen, um sie zusammenzufügen in Modulationen, Akkorden und vor allem in Dissonanzen, die sich dem Gaumen als eine Erfahrung ohne Vergleich aufdrängen, als ein Punkt ohne Wiederkehr, eine absolute Inbesitznahme durch totale Ausnutzung der Empfänglichkeit aller Sinne.«

Kochbücher halten die Überlieferungen der mestizischen Kochkunst fest. Ein erstes erschien bereits im Mai 1780 in Tehuacán. Ein zweites, mit einem Sonett als Einführung und 36 Rezepten, stammt von der berühmten Nonne Sor Juana Inés de la Cruz. Eine Zeitlang verlorengegangen, wurde es erstmals 1979 publiziert. Die Rezepte sind überaus aufwändig, kalorienreich, »barock«, und heute kaum nachkochbar. Sie veranschaulichen die arbeitsintensive Küche im Vizekönigreich Neuspanien. Vier einladende Bildbände mit Rezepten geben darüber

Auskunft. Sie heißen »Ein Bissen für die Engel«, »Süße Gewohnheiten: Die Süßspeisen der Klöster«, »Gerichte und Leckereien des Barock« oder eben »Sor Juana in der Küche«.

Für die Intellektuelle und erste Feministin der Neuen Welt Sor Juana war die Küche ein exzellentes Versuchslabor für ihren immensen Wissensdurst: Wie verhält sich Zucker, was sind die Eigenschaften von Eiweiß und Eigelb? Welche physikalischen oder chemischen Gesetze lassen sich erkennen? Polemisch schreibt sie in ihrem berühmten Brief an Sor Filotea: »Wenn Aristoteles gekocht hätte, hätte er viel mehr geschrieben!« Octavio Paz (1914–1998) weist in seiner großen Studie über Sor Juana darauf hin, dass es eine großartige Fusion zwischen der kreolischen Sensibilität und dem importierten Barock gibt, und zwar in Architektur, Literatur und vielen anderen Bereichen, desgleichen in der Küche.

Jedes Kloster entwickelte seine eigenen Spezialitäten, insbesondere Süßspeisen. »Durch weiße Hände von Novizinnen und braune Hände von Bekehrten gegangen, hatte die Küche der neuen hispano-indianischen Zivilisation sich gleichfalls zum Schlachtfeld entwickelt, zum Ort des Kampfes zwischen der aggressiven Wildheit der alten Götter des Altiplano mit dem gewundenen Überschwang der barocken Religion«, lobte Italo Calvino.

Schon Cortés hatte den verführerischen und lieblichen Honigmais gelobt, er sei so schmackhaft wie das Zuckerrohr (das es damals in Mexiko nicht gab). Die Vielfalt der Süßspeisen der Kolonialzeit war auch deshalb so groß, weil die Künstler der überbordenden Barockaltäre viel Eiweiß als Bindemittel für das Blattgold auf der weißen Farbe benötigten. So erfanden die Nonnen seit Ende des 16. Jahrhunderts komplizierte Backwaren, die sprechende Namen erhielten: »Besos y suspiros« (Küsse und Seufzer), »Hallelujas«, »Bien me sabes« (Du schmeckst mir gut), »Alegrias«. Der starke Einfluss der arabischen

Küche, den die Nonnen aus Andalusien mitbrachten, ist unübersehbar: Marzipan, Turrón, Gewürzkuchen, Eidotterschnitten, Datteln im Teig und vieles mehr. Es gab spezielle Kuchen für hohe Feiertage, vor allem für den Tag der Toten am 2. November, an dem Schädel als Süßspeise angefertigt wurden, um den Tod sozusagen mit den Zähnen zu besiegen. Dieser Brauch ist lebendig geblieben, das Fest seit 2003 Weltkulturerbe. Guadalupe Rivera beschreibt das Fest im ›Blauen Haus‹ ihres Vaters Diego Rivera und die Speisen, die Frida Kahlo zu Ehren der Toten vorbereiten ließ: »Den ganzen Tag über wurden traditionelle Speisen gereicht. Zum Frühstück gab es Atole und Schokolade, Allerheiligen-Brot, Kekse in der Form kleiner Knochen, Bohnen, Tortillas und Chile-Pasilla-Sauce, dazu die braunen Mais-Tlacoyos (rautenförmige, dicke Tortillas) ... das Mittagessen bestand aus gelben und roten Moles, Huhn in pikanter Sesam-Mandel-Sauce, Kürbis in Sirup, Tamales in Bananenblättern, Erdbeer-Atole und gemischten tropischen Früchten in Sirup.« Mit mehr als hundert verschiedenen Kuchensorten und einer Fülle an Süßspeisen überbietet das Land mühelos das europäische Angebot – so Fernando del Paso. Für den mexikanischen Dichter Ramón López Velarde (1888–1921) ist seine Heimat das Paradies der Kompotte.

Alegrías

Amaranth-Riegel

Viele kennen diese mit Schokolade umhüllten knusprigen gepufften Getreideriegel aus den deutschen Bioläden. Jetzt können Sie sie auch selber zu Hause zubereiten. Sie sind perfekt für den kleinen Hunger unterwegs und können mit jeder Art von gepufftem Getreide (Reis, Hirse, Weizen) mit oder auch ohne Nüsse zubereitet werden.

200 g Amaranth, gepufft (Bioladen oder Reformhaus)
35 g Pekannüsse oder Walnüsse
35 g Kürbiskerne
35 g Erdnusskerne
50 g Honig
220 g »Piloncillo« oder »Panela« (Zuckerrohrzucker) oder Palmzucker (Nam Tan Puek) aus dem Asialaden
70 ml Wasser
1 TL Zitronensaft

Zubereitung

Eine Bratpfanne bei mittlerer Hitze vorheizen und den gepufften Amaranth gleichmäßig rösten. Sofort aus der Pfanne nehmen (damit er nicht anbrennt) und mit den Walnüssen, Kürbiskernen und Erdnüssen ebenso verfahren.

Honig, Rohrzucker, Wasser und Zitronensaft in einem Kochtopf bei mittlerer Hitze erwärmen, bis der Zucker sich auflöst. Falls notwending, noch ein wenig Wasser dazugeben. Wenn alles geschmolzen ist, sofort vom Herd nehmen und einen weiteren Esslöffel Wasser hinzufügen, um den Karamellisierungsprozess zu stoppen. Die gerösteten Nüsse und den Amaranth mit dem flüssigen Karamell vermengen, bis eine dicke Masse entsteht. Ein Backblech mit Backpapier auslegen und die noch warme Masse mit einem Holzlöffel oder mit einem weiteren Blatt Backpapier auf eine Höhe von etwa 1 ½ bis 2 cm flachdrücken.

Sie können auch ein Nudelholz verwenden, um die Riegel so kompakt und flach wie möglich zu machen.

Die Mischung etwa eine Stunde lang kühlen, bis sie fast fest ist. Mit einem scharfen, mit Wasser angefeuchteten Messer auf die gewünschte Größe zuschneiden.

Mexiko als kulinarischer Schmelztiegel

Die mexikanische Küche gilt als eine der traditionell am höchsten entwickelten und raffiniertesten der Welt, neben der französischen und chinesischen. Das verwundert kaum, wenn man einige der komplizierten Rezepte studiert, denn sie enthalten nicht nur indigene und spanische, sondern auch asiatische Ingredienzen. Die spanischen Schiffe landeten in Veracruz, jahrhundertelang war dies der wichtigste Hafen Neuspaniens. Das tonnenweise ins Mutterland gelangende Gold und Silber finanzierte die spanische Krone (nicht zuletzt den Bau des Escorial, wie Fernando del Paso festhält); exportiert wurden Kühe, Schweine, Schafe, Wein, Zuckerrohr und nützliche Utensilien für den Haushalt sowie Handwerkszeug und später als Schmuggelware die begehrten Ritterromane wie *Amadís de Gaula* und andere, deren Lektüre während der Kolonialzeit streng verboten war. Krone und Kirche bevorzugten unwissende Untertanen und Gläubige. Schon 1564 segelte eine erste Galeone von Mexiko zu den 1521 von Ferdinand Magellan entdeckten Philippinen; wenig später begann dann der Handel mit Asien. Die Schiffe aus Manila kamen (bis 1815) in Acapulco an und hatten Mango, Ingwer, Zimt, Pfeffer, Gewürznelken, Tee und Reis geladen. Exportiert wurden in die umgekehrte Richtung Avocados, Süßkartoffeln, Chili und Tabak. So wurde Mexiko zu einem beeindruckenden Schmelztiegel: Hier fanden Asien, Lateinamerika und Europa kulinarisch zusammen.

Dennoch galt die indigene Küche während der Kolonialzeit in höheren Kreisen als minderwertig. Der Streit um ihre Wertschätzung wurde gleich nach der Unabhängigkeit Mexikos 1821 neu belebt, denn jetzt besann sich das Land auf seine aztekische Vergangenheit und beschwor die verlorene politische und kulturelle Größe. Alte Chroniken aus dem 16. Jahrhundert, die die ersten Mönche früh verfasst hatten, wurden erstmals aus den Giftschränken geholt und publiziert, sofern sie nicht »verschollen« waren. Überall wurden *cantinas* eröffnet, und dort aß man mexikanisch. Die Gesellschaft war in streng geschiedene hierarchische Klassen unterteilt: Ganz unten standen die *pelados* (die überwältigende Mehrheit der Armen, Indigenen), darüber die langsam wachsende Mittelschicht, meist Kreolen, ganz oben die Reichen, die Weißen. Das fand im Essen eine klare Entsprechung.

Eine unpolitische Nebenwirkung der Französischen Revolution, deren Ideale Freiheit, Gleichheit, Brüderlichkeit die Unabhängigkeitsbewegungen in ganz Lateinamerika beflügelt hatten, war die Hinwendung nach Frankreich und die Ablehnung Spaniens – sogar in den Essgewohnheiten. Während der kurzen Herrschaft des französischen Kaisers Maximilian I. (1864–1867) kam es zu einem einschneidenden Wechsel in den kulinarischen Gepflogenheiten, insbesondere in der Oberschicht. Sie imitierte und liebte alles, was der Hofstaat aus Frankreich mitgebracht hatte, und die wohlhabende Gesellschaft nahm eine weitere Injektion französischer Sitten begeistert auf. Politisch war das Land jedoch gespalten, die Mehrheit des Volkes lehnte den eingesetzten europäischen Kaiser ab. Während seiner dreijährigen Herrschaft hielt die französische Küche dennoch machtvoll Einzug in allen Schichten. Dem Hof galt die einheimische Küche als ärmlich und ungesund. Aber angeblich schätzte Maximilian viele autochthone Speisen, so die gefüllten Chiles, erfand sogar eine Variante, Chiles rellenos de queso à la emperador Maximilian. Und Ex-Kaiserin Charlotte wiederholte zurück in Europa unermüdlich, wie sehr sie die mexikanische Küche vermisse, vor allem die Süßspeisen.

Die mexikanische Revolution 1910

Der französische Einfluss verstärkte sich weiter unter der dreißigjährigen Herrschaft des Diktators Porfirio Díaz (1830–1915), einem glühenden Anhänger von Auguste Comte (1798–1857) und seiner Lehre des Positivismus. In seiner Idealisierung Europas gab es keinen Platz für die Indigenen, für ihn waren sie biologisch eine minderwertige

Rasse. Die Elite speiste französisch, die Kreolen bevorzugten die spanische Küche, aßen aber heimlich ihre traditionellen und unverändert populären Gerichte. Selbstverständlich bewirtete Porfirio Díaz alle ausländischen Besucher *à la française*, und für sein pantagruelisches Festmahl zur Hundertjahr-Feier der Unabhängigkeit 1910 beschäftigte sein französischer Chefkoch Sylvain 350 Kellner, 40 Köche und 60 Küchenjungen. Das genaue Menü ist nachzulesen im *Recuerdo Gastronómico del Centenario 1810–1910*.

Nur Monate später brach die Mexikanische Revolution aus. Die bitterarmen Landarbeiter lehnten sich unter Führung von Pancho Villa (1878–1923) und Emiliano Zapata (1879–1919) auf. Ihre hastig zusammengestellten und unzureichend ausgestatteten Truppen reisten in Zügen quer durch das Land, die Frauen – *adelitas* genannt – begleiteten sie mit Kochtopf und Metate. Viele Lieder künden noch heute vom mutigen Einsatz dieser Frauen, denn ohne sie hätte es vermutlich keine Revolution gegeben. Blutige Kämpfe und Gewalt prägten das im Umbruch stehende Land mehr als ein Jahrzehnt.

Quesadillas de flor de Jamaica

Hibiskusblüten-Quesadillas

Die Hibiskusblüten werden, nachdem sie für eine ungezuckerte Agua de Jamaica (traditionell mexikanisches Getränk) gekocht wurden, auch gedünstet und mit Tortillas als leckere Alternative für Veganer/Vegetarier serviert.

Für die Hibiskusblüten

2 Tassen gekochte Hibiskusblüten, ungezuckert
½ Zwiebel
1 Knoblauchzehe, fein gehackt oder gerieben
2 EL Öl
Salz und Pfeffer aus der Mühle

Außerdem

12 Mais- oder Weizentortillas
Queso Oaxaca oder Quesillo (ersatzweise: Cheddar, Gouda, Manchego) oder Mozzarella (trockengetupft und mit etwas Salz bestreut)

Zubereitung

Den Hibiskus gut abtropfen lassen und klein hacken. Zwiebel in dünne Scheiben schneiden. In einer Pfanne das Öl erhitzen und die Zwiebel mit dem Knoblauch anbraten, bis die Zwiebel glasig wird. Die Hibiskusblüten dazugeben, ein paar Minuten andünsten und mit Salz und Pfeffer abschmecken.

Jeweils eine Tortilla in einer heißen Pfanne ohne Öl erwärmen. Sobald die Tortilla weich ist, umdrehen und etwas Käse und Hibiskusblüten auf die eine Hälfte der Tortilla legen und die andere Hälfte darüberklappen, sodass man einen Halbmond in der Pfanne hat. Die Tortilla weiter erhitzen, bis der Käse ganz geschmolzen ist, gelegentlich wenden. Mit den restlichen Tortillas ebenso verfahren. Die Hibiskus-Quesadillas sofort heiß servieren.

Tipp

Man kann die Quesadillas auch mit weiteren Zutaten füllen: Pilze, Fleisch, Zucchiniblüten, Huitlacoche oder was im Kühlschrank gerade übrig ist.

Dazu passt

Chipotle-Sauce (siehe Seite 25), Guacamole (siehe Seite 52), Pico de Gallo (siehe Seite 45)

Die Mexikanische Revolution stellt nach der Eroberung und Unabhängigkeit eine weitere große Zäsur in der Geschichte Mexikos dar. Die neue Nation beschwor jetzt das Mestizentum, die »kosmische Rasse«, wie sie der Essayist José Vasconcelos im gleichnamigen Essay definierte: eine Verschmelzung der roten, gelben und weißen Menschen.

Alles Indigene wurde aufgewertet, auch in den Wandfresken der Muralistas Diego Rivera, José Clemente Orozco (1883–1949) und David Alfaro Siqueiros (1896–1974), die Vasconcelos in Auftrag gegeben hatte, damit die des Lesens unkundige Bevölkerung die Vergangenheit ihres Landes kennenlernen konnte. Alle Mexikaner seien endlich gleich unter dem »Mantel der Hl. Jungfrau von Guadalupe«.

Die Revolution führte zu einer nationalistischen Wertschätzung der traditionellen Küche. Die ersten Berufsköche widmeten sich engagiert der Rückbesinnung auf vergangene Zeiten. Die Mexikaner sollten stolz auf ihre Kochkunst sein, die zumindest ansatzweise das nationale Ideal eines gleichberechtigten Mestizentums verwirklichte, während entsprechende Bestrebungen in Gesellschaft und Politik scheiterten.

Natürlich wollte die neue Küche traditionell und zugleich modern sein. Zum einen griff man auf die überlieferten Rezepte zurück, die seit Mitte des 19. Jahrhunderts in diversen »Küchenkalendern« aufgezeichnet wurden. Dort fanden sich Anweisungen für die beste Zubereitung von Kürbissen oder der Nopal-Suppe, für Tamales, gefüllte Paprika, Mole, die vielen Nachspeisen. Die Frauen beschrieben Gerichte aus den so unterschiedlichen Regionen des Landes. Nachzulesen sind sie in den oft einfachen Küchenbüchern. Zum anderen kam es zu einem Modernisierungsschub, der Einflüsse aus Nordamerika stärker zum Tragen brachte. In der Hauptstadt entstanden neue Treffpunkte, wo die wohlhabende Jugend und Intellektuelle den Tee nahmen, wie im Restaurant Sanborn's – heute eine Kette –, das in den 20er Jahren gegründet wurde. Das Sandwich fand zunehmend Anklang und trat in Wettstreit mit den unverändert beliebten Tacos und Tortas, jedenfalls in der Mittelschicht. Cafés und Eisdielen sprossen wie Pilze aus dem Boden.

Tacos de camarones con pico de gallo

Garnelen-Tacos mit Pico de Gallo

Der Pico de Gallo ist eine frische Kombination aus Romatomaten, weißen Zwiebeln, Koriander, Serrano-Chili und Limettensaft. Ein Muss in der mexikanischen Küche.

Für die Tacos
8–12 Tortillas
800 g rohe Krabben oder Garnelen, geschält und ohne Kopf
4 EL Öl

Für die Marinade
1 Knoblauchzehe, fein gehackt
¼ TL wilder Oregano
Chili nach Geschmack
Meersalz und frisch gemahlener schwarzer Pfeffer

¼ Kohl, rot oder weiß, in feine Streifen geschnitten
1 rote Zwiebel, in feine Streifen geschnitten
2 EL Limettensaft
Meersalz und frisch gemahlener schwarzer Pfeffer

Für die Pico-de-Gallo-Sauce
4 feste Romana-Tomaten
1 Zwiebel, gehackt
1–2 Serrano-Chilis oder Jalapeños
3–5 Zweige Koriander
2 Limetten
Salz und Pfeffer

Zum Anrichten
2 Limetten, geviertelt
frischer Koriander

Zubereitung von Krabben- oder Garnelen-Tacos

Alle Zutaten für die Marinade in eine Schüssel geben und die Garnelen in der durchgezogenen Mischung 10 Minuten marinieren.

Den Kohl mit der Zwiebel, dem Limettensaft, Salz und Pfeffer mischen und beiseite stellen. 4 EL Öl in einer gusseisernen Bratpfanne oder einem Topf erhitzen. Die Garnelen darin braten, bis sie gar sind.
Die Tortillas in einer heißen dicken Pfanne von beiden Seiten (ohne Fett) erhitzen und unter einem Geschirrtuch warm halten.

Zubereitung der Pico-de-Gallo-Sauce

Die Tomaten halbieren, den Stielansatz entfernen und die Kerne mit einem Löffel herauskratzen, das Fruchtfleisch würfeln.
Die Chilischote hacken und mit der Zwiebel und den Tomaten in eine Schüssel geben. Den Koriander fein hacken. Die Limetten auspressen, den Saft und den Koriander in die Schüssel zu den anderen Zutaten geben und gut vermischen. Mit Salz und Pfeffer abschmecken.

Anrichten

Die Tortillas mit der Kohl-Zwiebel-Mischung füllen und mit den Garnelen belegen. Mit Pico de Gallo, frischem Koriander und einer Limettenspalte servieren.

Tipp

Dieses Gericht funktioniert sowohl mit Mais- als auch Weizentortillas. Es eignet sich perfekt für einen Abend an einem gut gedeckten Tisch. Sie können alle Zutaten in kleine Schüsseln verteilen, aus denen die Gäste ihre eigenen Tacos zusammenstellen können.
Alle Zutaten können im Voraus zerkleinert und separat im Kühlschrank aufbewahrt werden. Kurz vor dem Servieren vermengen und mit Salz und Zitronensaft abschmecken.

Es kann auch mit Guacamole (siehe Seite 52), Chipotle-Sauce (siehe Seite 25) oder Tomatensoße (siehe Seite 55) serviert werden.

Die Auseinandersetzung zwischen Sandwich und Tacos oder Tortas dauert an. Jorge Ibargüengoitia (1928–1983) beschwört die glorreiche Vergangenheit im Artikel »Evolution des Tacos« und erzählt die Geschichte oder besser gesagt die Legende einer »der wichtigsten Erfindungen in der Geschichte von Mexico-Stadt«, nämlich die Tortas von Armando, einer barocken Kreation, die mindestens 25 Ingredienzen enthält. Der Lyriker José Emilio Pacheco (1939–2014) lobte sie ebenfalls und wollte einen jeden herausfordern, der es wagen würde, dem Sandwich den Vorzug zu geben vor einer Torta von Armando, dem »Enzyklopädisten des Geschmacks«.

Um die Jahrhundertwende waren bereits viele Chinesen eingewandert, die zunächst beim Bau der Eisenbahn geholfen und später kleine Restaurants im Zentrum gegründet hatten. Ganz langsam wurde die Küche internationaler, in einigen Stadtvierteln – wie in der jahrzehntelang mondänen Zona Rosa – gab es seit den vierziger Jahren ein großes Angebot aus den europäischen Ländern und Regionen, denn weitere Immigrationswellen (Italiener, osteuropäische Juden, insbesondere die spanischen Republikflüchtlinge) steuerten viel zur neuen kulturellen und kulinarischen Vielfalt bei.

Die wichtigsten Ingredienzen: Chili, Tomate, Bohnen, Kürbis, Feigenkaktus, Avocado

Das Buch *La cocina mexicana a través de los siglos* (Die mexikanische Küche quer durch die Jahrhunderte) befasst sich in fünf Teilen mit den wichtigen landestypischen Ingredienzen: »Der Genuss der Chiles«, »Kochen mit Tomaten, Bohnen und Kürbis«, »Der Feigenkaktus und seine Geschichte«, »Vom Kakao zur Schokolade« und »Die

Kultur des Maises«. Die Vielfalt an Chilis ist kaum überschaubar: Es gibt 15 nationale sowie 37 regionale Sorten, alle unterschiedlich groß und scharf, manche Spezialisten nennen aber weitaus höhere Zahlen. Das Capsicum, so der botanische Name der Paprikagewächse, fand vielerlei Verwendung, es diente auch als rituelles Objekt und als Sujet in der bildenden Kunst. Der Dominikaner Bartolomé de las Casas (1484–1566), späterer Bischof von Chiapas, behauptete, dass die Mexikaner nicht glauben, irgendetwas zu essen, wenn Chili fehle.

Schon Kolumbus hatte Chili mit dem Pfeffer verwechselt und dachte daher angesichts der Chili-Pflanzen, er sei in Indien angekommen, wie es seine Absicht war. Cortés und seine Soldaten waren ihrerseits davon überzeugt, dass Chili ein großartiger Ersatz für Pfeffer sei. Der Chronist Gonzalo Fernández de Oviedo (1478–1557) erläuterte, dass man aus den Blättern der Chilipflanze eine ebenso gute oder sogar noch bessere Sauce herstellen könne als mit Petersilie, wenn man sie zur Brühe in den Kochtopf gäbe.

Jahrhunderte später prägt Chili die Küche nicht nur Mexikos, sondern ist in der ganzen Welt beliebt. Was wäre die indische Küche ohne Chili? General de Gaulle sagte 1964 bei seinem Staatsbesuch in Mexiko, es sei schwierig, ein Land zu regieren, das mehr als 200 Sorten Käse habe. Darauf entgegnete der mexikanische Präsident Adolfo López Mateos, es sei ebenfalls schwierig, ein Land mit mehr als 200 Sorten Chili zu regieren.

Das Entstehen der beliebten Tabasco-Sauce geht angeblich auf einen Soldaten zurück, der nach dem Krieg 1846/47 zwischen Mexiko und den USA ein paar Chilis zurück in seine Heimat Louisiana brachte. Dort pflanzte die Familie sie an, weil sie gut schmeckten. Später begannen sie den großflächigen Anbau in ihrer Heimatstadt Avery Island und produzierten schließlich eine scharfe Sauce, die nur tropfenweise verwendet wird. Heute ist Tabasco wie Ketchup, das ebenfalls in den USA erfunden wurde, weltweit verbreitet. Beliebte, aber einfache Tex-Mex-Gerichte wie Chili con carne oder Nachos entstanden in der Region an der Grenze zwischen den USA und Mexiko.

»Wie der barocke Kolonialstil dem Wuchern der Ornamente und dem Prunk keine Grenzen setzte, da sich für ihn die Gegenwart Gottes in einem minutiös kalkulierten Delirium exzessiver und überschwänglicher Sensationen erfüllte, so erschloss das Brennen der zweiundvierzig heimischen Sorten von kundig für jede Speise ausgewählten Pfefferschoten die Perspektiven einer flammenden Ekstase«, hielt Italo Calvino fest.

Die Legende der *Llorona,* der Tränenreichen, erzählt die Geschichte der Verzweiflung einer jungen Frau, die wegen der Untreue ihres Mannes angeblich den Verstand verliert und sich und die Kinder ertränkt. Sie ist seit Mitte des 16. Jahrhunderts überliefert. Erzählungen, Balladen, Romane und Filme halten die umstrittene Gestalt lebendig, vor allem die moderne Subkultur. Mal ist die schöne Frau weiß gekleidet, mal schwarz, sie ist Vorbotin des Todes oder Metapher einer großen Liebe, alles scheint möglich. Jeder Mexikaner kennt die Strophe eines Liedes, in dem die berühmte Sängerin Chavela Vargas (1919–2012) der Geschichte eine weitere Variante hinzufügt, diesmal eine kulinarische: Bei ihr ist die Llorona wie eine grüne Chileschote : »Yo soy como el chili verde, llorona, picante pero sabroso!« (Ich bin wie der grüne Chili, tränenreich, scharf, aber wunderbar).

Die italienische und europäische Küche hingegen haben den Paradiesapfel, die *pomme d'amour,* die Tomate, zu ihrem Liebling erkoren, ihr Siegeszug ist seit dem ersten Export der Samen im 16. Jahrhundert nach Spanien unaufhaltsam fortgeschritten. Von dort gelangte sie nach Italien und Frankreich. Bereitete man in Mexiko die aztekische Grundsauce Chimole aus Chili, Tomate und Salz, so entwickelte sich in Europa die Tomatensauce, die in Italien der Pasta beigefügt wurde und zunächst »spanische Sauce« hieß.

Neruda lobte die rote Pracht in der »Ode an die Tomate«, denn sie mache die Salate vollkommen und vermähle sich fröhlich mit der hellen Zwiebel, und »um dieses zu feiern, lässt man Öl / der Olive innerste Essenz, / niederträufeln, / auf ihre halbgeöffneten Hemisphären / fügt sein prickelndes Arom / den Pfeffer hinzu, / das Salz seinem Magnetismus.«

Mais, Tomaten, Bohnen und Kürbisse sind die Grundlagen der einfachen Küche, der mexikanische Beitrag zur spanischen Hausmannskost. Die ersten schwarzen Bohnen gelangten 1528 ins Mutterland, das seinerseits den Reis nach Mexiko exportierte. So entstand während der Kolonialzeit ein Nationalgericht der armen Bevölkerung, Moros y Cristianos: eine Verbindung ungläubiger Mauren (die Bohnen) mit Christen (Reis). Ein nährstoffreiches, preiswertes Gericht, denn die Bohnen dienen als Fleischersatz. Es hat viele Hungerrevolten verhindert.

Die vielen Sorten von Bohnen und Kürbissen sind längst selbstverständlicher Bestandteil unserer Ernährung. Schwarze Bohnen werden in Mexiko bereits zum Frühstück gereicht, als Beigabe zu den beliebten Huevos rancheros.

Der Nopal (Feigenkaktus) ist »stachelige Großzügigkeit«. Er gehört untrennbar zu Mexiko, findet sich in Liedern und Sprichwörtern und ist Bestandteil des nationalen Wappens und der Flagge: Der Adler steht auf einem Nopal mit roten Früchten an einem damals unbewohnten Ort, und genau dort, besagt die Legende, fand die mythische Gründung der Metropole statt. Die rote Farbe verweist auf die Herzen der Mexikaner, und der Nopal symbolisiert die Unsterblichkeit, denn seine Blätter wachsen unaufhaltsam weiter.

In Mexiko gibt es mehr als 60 Nopalsorten. Jede einzelne bereichert die Gastronomie, denn sie ist vielseitig verwendbar: in der Suppe, im Salat, als Gemüsebeilage oder im Nachtisch. Das ausgewachsene Blatt dient sogar als

Kochtopf, in dem Fleisch oder zarte Kaktusfeigen langsam garen. Seine Früchte sind grün, gelb oder rot, und jede hat ihren unverwechselbaren Geschmack. Für die Ernährung ist der Nopal in vielen Wüstenregionen überlebenswichtig. In Europa blieb der Kaktus hingegen ein Fremdling, weil er nicht überall wächst und seine Zubereitung, vor allem die Entfernung der harten Stacheln, Geschick und Erfahrung verlangt.

Die Avocado, wieder ein Wort aus dem Nahuatl, *ahuacatl*, trat von Mexiko aus ihren Siegeszug durch die Welt an. Schon Francisco Hernández hatte König Philipp II. eine präzise botanische Beschreibung geliefert. Auch Fray Toribio de Benavente, genannt Motolinia (1482–1568), lobte einige autochthone Lebensmittel in seiner *Historia de los Indios de la Nueva España* (Geschichte der Indigenen Neuspaniens), darunter die Avocado. Sein Werk wurde allerdings erst 1858 publiziert, denn auch diese Chronik enthielt nach Auffassung der Eroberer zu viele verstörende Anklagen gegen sie und zu viel Lob für die prähispanische Kultur. Der Jesuit Francisco Javier Clavijero (1731–1787) veröffentlichte nach der Vertreibung des Ordens 1767 aus ganz Lateinamerika seine *Historia antigua de México* (Antike Geschichte Mexikos), eine harsche Kritik des kreolischen Amerikaners an der Überheblichkeit und gleichzeitigen Unwissenheit europäischer Geistesgrößen wie Guillaume Raynal (1713–1796) oder Corneille de Pauw (1739–1799). Sie alle kannten die Neue Welt nicht aus eigener Anschauung, bezeichneten sie ungeachtet dessen aber als minderwertig. Clavijero zählte die vielen wunderbaren Lebensmittel Mexikos auf und lobte das Klima, in dem alles prachtvoll gedieh, sowie den immerwährenden Frühling in der Hauptstadt. Über die Avocado sagte er, dass alle Sorten köstlich seien, einige klein wie Oliven, andere hätten einen größeren Kern und weniger Fleisch, es gäbe auch solche, die so groß seien wie Birnen. Es handele sich um die beste Frucht in puncto Geschmack und Tugend. Dies wurde später wissenschaftlich bewiesen: Avocados enthalten erstaunlich viele Nährstoffe, elf Vitamine, vierzehn Mineralien und zahlreiche Proteine.

Guacamole

Avocado-Dip

2 reife Avocados (500 g)
2–3 EL frisch gepresster Limettensaft
4 EL fein gehackte Zwiebel (100 g)
1 Jalapeño-Chili (optional), fein gehackt (mit Kernen, wenn Sie eine schärfere Note wünschen)
2 EL gehackter Koriander, vorzugsweise mit Stängel
1 große Tomate, entkernt und gewürfelt
½ TL Meersalz

Zubereitung

Die Avocados halbieren, den Stein mit einem Messer oder Löffel entfernen und das gesamte Fruchtfleisch herauslösen. Sofort mit dem Limettensaft beträufeln und mit einer Gabel grob zerdrücken. Die fein gehackte Zwiebel und den Chili (optional), 1 EL Koriander und die Hälfte der Tomatenwürfel zugeben und mischen. Mit Salz abschmecken.
Beim Servieren die restlichen gehackten Tomatenwürfel und Korianderblätter über den Guacamole streuen.

Guacamole schmeckt sehr gut mit: Tacos (siehe Seite 45), Quesadillas (siehe Seite 42), Totopos (geröstete Tortilla-Chips), Pico de Gallo (siehe Seite 45).

Inzwischen gibt es mehr als vierhundert Sorten, die auf der ganzen Welt angepflanzt werden. In Mexiko sind Avocadofarmen zu einem bedeutenden Industriezweig geworden, um den die Narcobosse inzwischen blutige Kriege führen. Der Anbau wird zunehmend kritisiert wegen des exzessiven Wasserverbrauchs.

Die Maiskultur

Die Maiskultur besitzt eine jahrtausendealte Tradition, behaftet mit religiösen und künstlerischen Konnotationen, garantiert aber vor allem die Grundernährung in ganz Mittelamerika. Das Korn existiert in vielen Farben: weiß, gelb, rot, blau oder violett. In der Bibel der Mayas, dem *Popol-Vuh,* liest man im ersten Kapitel des dritten Teils: »Aus gelbem und weißem Mais wurde das Fleisch geformt, aus dem Maisteig die Arme und Beine des Menschen.«

Zunächst hatten die Götter versucht, den Menschen aus Lehm zu erschaffen, aber das Gebilde knickte zusammen; dann nahmen sie Holz, doch es hatte keine Seele; schließlich aus Mais, und diesmal gelang es. Das ist der Glaube der Mayas, die sich die »Maismenschen« nennen. Ihre Genesis gründet auf dem Korn, wie es in einem rituellen Gesang festgehalten ist: »Ich bin von Gott gemacht, bin sein Geschöpf: bin auf die Welt gekommen.«

Der guatemaltekische Literaturnobelpreisträger Miguel Ángel Asturias (1899–1974) beschreibt diese Mythologie in seinem Roman *Die Maismenschen* (im Original 1949) und schildert den Kampf der Indigenen im 20. Jahrhundert mit den Nachfahren der weißen Eroberer, die mit der Pflanze nur Gewinn erwirtschaften wollten und deren sakrale Herkunft leugneten.

Der Chronist Gonzalo Fernández de Oviedo lieferte 1526 eine ausführliche Beschreibung von Anbau und Ernte des Maises in seinem umfassenden und aufschlussreichen Werk *Sumario de la Natural Historia de las Indias* (Zusammenfassung der Naturgeschichte Indiens): »Er wächst in einem Kolben, der voller Körner steckt, die fast so groß wie Kichererbsen sind.«

Alle Reisenden und Immigranten lernten den Mais in seinen vielfältigen Formen kennen und schätzen. Die Diplomatengattin Frances Calderón de la Barca kam 1839 nach Mexiko und hielt in vielen Briefen ihre Impressionen lebendig fest. Beeindruckt war sie von der Vielzahl der Straßenverkäufer, die vom frühen Morgen bis zum späten Abend ihre Waren lauthals anpriesen. Kleine Speisen oder Appetitanreger, *antojitos* genannt. »Gegen Abend häufen sich die Rufe ›Käsetortillas?‹, ›Wer will Nüsse?‹, ›Maiskuchen?‹ … Tortillas, mit ein wenig Zitrone gebackene Maiskuchen, in Form und Größe etwa das, was wir als ›Teegebäck‹ bezeichnen, dienen den Mexikanern als Grundnahrungsmittel. … Man kennt sie seit alters her im ganzen Land. … Tortillas schmecken besonders gut mit Chili. Allerdings fürchte ich, dass man bei den Mengen von Chili, die hier gegessen werden, einen eisenbeschichteten Rachen haben muss.«

Der deutsche Altamerikanist Eduard Seler (1849–1922) lobte die Tortillas: »Besondere Leckerbissen sind die Enchilada und die Quesadilla. Beide sind gewissermaßen die Weiterbildung der Tortilla und verwandeln den an und für sich trockenen Maisfladen in eine saftige und schmackhafte Speise. … Aus der Maismasse wird auch Atole hergestellt, eine Art Mehlsuppe, welche in dem größten Teil des Landes das Frühstück der Indianerfamilien bildet. In der feineren Küche wird sie mit Kakao, Vanille und anderen Gewürzen gemischt und ist überall ein beliebtes und nahrhaftes Gericht. Die Krone aller Maisspeisen aber sind die Tamales, ein Festessen, das man werten Gästen vorsetzt.« Sie haben ihm wohl sehr zugesagt, denn detailliert beschrieb er die Zubereitung.

Torta de elote con salsa de jitomate y queso fresco

Maiskuchen mit Tomatensauce und Käse

Dieser leckere und schnell hergestellte Maiskuchen ist eine gute Vorspeise für besondere Anlässe oder als Häppchen für zwischendurch – er passt hervorragend als Beilage zu Rind oder Hähnchen. Für die Käseliebhaber: Man kann auch geriebenen Käse im Teig unterrühren!

Zum Einfetten der Form

1 ½ EL Butter
1 EL Semmelbrösel

Für den Maiskuchen

500 g frische saftige Maiskörner
etwa ½ Tasse Milch
100 g weiche Butter
2 TL Zucker
3 Eier, Eiweiß und Eigelb getrennt
120 g Reismehl
1 TL Backpulver
1 TL Salz

Zum Anrichten

Salsa de jitomate (siehe unten)
4 EL Panela- oder Feta-Käse

Zubereitung

Den Backofen auf 180°C vorheizen, eine Springform (18–20 cm) einfetten und mit Semmelbröseln bestreuen. Den frischen Mais mit etwas Milch in einem Mixer zerkleinern und beiseite stellen. Mit so wenig Milch wie möglich pürieren. Die Butter schaumig schlagen, den Zucker und nach und nach die Eigelbe hinzufügen. Mais, Reismehl und Backpulver unterrühren. Das Eiweiß mit Salz zu steifem Schnee schlagen und unter die Masse heben.

Den Teig in die Backform füllen und im Backofen etwa 55 Minuten bis 1 Stunde backen. (Beim Anstechen mit einem Zahnstocher muss dieser trocken bleiben.)

Mit Tomatensauce und frischem Käse servieren.

Salsa de jitomate

Tomatensauce

700 g reife Tomaten
½ Zwiebel
1–2 ungeschälte Knoblauchzehen

3 Poblano- oder Serrano-Chilis (entkernt)
Meersalz
3 EL Öl
schwarzer Pfeffer
½ wilder oder Mexikanischer Oregano

Zubereitung

Eine schwere gusseiserne Bratpfanne ohne Öl erhitzen und die Tomaten, die Zwiebel, den ungeschälten Knoblauch und die Chilis 8–10 Minuten von allen Seiten anrösten, bis alles dunkle Flecken und kleine Blasen hat. Abkühlen lassen, nach dem Entfernen des Kerngehäuses der Tomaten und der Schale des Knoblauchs grob hacken und mit dem Salz zerdrücken. Die Mischung sollte dickflüssig sein. Die Zwiebel und Chilis in Scheiben schneiden. Das Öl erhitzen und die Zwiebel- und Chilischeiben anbraten. Die gemörserte Tomaten-Knoblauch-Mischung dazugeben und kurz köcheln lassen. Mit Salz und Pfeffer nachwürzen. Nach Wunsch mit Oregano würzen und garnieren.

Fünfzig Jahre später hielt Egon Erwin Kisch fest: Auf dem »ambulanten Markt von Nahrungsmitteln ... dominiert der Mais. In allen Formen bieten ihn die Straßenhändler an. ›Elote‹ heißt in Mexiko der pure Maiskolben. Gesotten oder geröstet wird er von des Straßenkochs glimmenden Holzkohlen weggekauft und auf dem Marsch geknabbert. Auch die vier Nationalspeisen, Tamales, Enchiladas, Tacos oder Quesadillas, kauft und ißt man unterwegs. Die Unterschiede zwischen diesen vier Gerichten muß man lernen ...

1. Tamales: außen Mais, innen Mais. Eingeschlagen in ein Maisblatt liegt die mitsamt der Schale geschrotete Maismasse; sie ist in Dampf gekocht, oft mit etwas Fleisch, und wenn man will – und man will immer –, mit Chilepfeffer darin.
2. Enchiladas: eine gerollte Tortilla, gefüllt mit etwas Truthahn- oder sonstigem Fleisch, Gemüse oder weißem

Käse, gedünstet in Tomatensoße, gespickt mit Zwiebeln. Und wenn man will – und man will immer –, mit Chilepfeffer.

3. Tacos: sie sind die mexikanischen Sandwiches, knusprige Tortillas mit Frijoles (Bohnen) darin, Gemüse oder Fleisch, und wenn man will – und man will immer –, mit Chilepfeffer.
4. Quesadillas: eine Tortilla, mit Fleisch, Wurst, Käse oder Flor der Calabaza (Kürbisblüte) gefüllt, in heißem Fett gesotten. Und, ob man will oder nicht, immer mit Chilepfeffer.«

Enchiladas, Quesadillas oder Tacos sind bis heute ungemein beliebt. Das gilt vor allem für Tacos, weil sie so vielseitig zubereitet werden. Davon zeugt auch eine Netflix-Serie mit mehreren Staffeln: »Die Geschichte des Tacos«.

Heute geht es darum, den traditionellen Mais (und die Bohnen) vor dem kompletten Zugriff des US-Imperiums Monsanto (jetzt Bayer) zu schützen, das den Verkauf von genetisch verändertem Saatgut auf dem mexikanischen Markt weitgehend durchgesetzt hat. Es gab eine viel beachtete Kampagne: »sin maíz no hay país, sin frijol tampoco, pon a México en tu boca« (ohne Mais gibt es kein Land, ohne Bohnen auch nicht. Nimm Mexiko in den Mund). Namhafte mexikanische Wissenschaftler und Intellektuelle bemühten sich darum, diese Klausel Ende des 20. Jahrhunderts in den Freihandelsvertrag mit den USA einzubringen – leider vergeblich. Die Forderung wird jedoch regelmäßig wiederholt.

Aus Mais werden die Tamales und Tortillas gemacht. Das Mahlen der Körner auf dem Metate, der gewölbten Steinplatte, beschäftigte die Frauen jeden Tag stundenlang. Erst die mechanischen Mühlen Ende des 19. Jahrhunderts wie auch die Tortillas aus der Fabrik erleichterten zu Beginn des 20. Jahrhunderts die Zubereitung dieses Grundnahrungsmittels, das die Soldaten auch während der Mexikanischen Revolution ernährte.

Pulque

Mit der Revolution breiteten sich die Pulquerías aus, allein in Mexiko-Stadt gab es hunderte. Sie öffneten früh am Morgen, die Männer unterhielten sich oder spielten Karten, mittags wurde Essen angeboten, nämlich Tortillas und Tacos in allen Varianten.

Egon Erwin Kisch hat sie beschrieben: »Von den Budiken aller Welt unterscheiden sich die Pulquerías dadurch, daß sie nur eine einzige Sorte von Getränk ausschenken … Die Lokale haben romantische Namen: ›Zur Wollust vor dem Tode‹, ›Ich fühle mich wie ein Flieger‹, ›Die Rose an den Rieselfeldern‹, ›Freudentränen der Agave‹, ›Paradies des Arbeiters‹ … Zwei schwingende Bretter bilden den Eingang zur Pulquería, damit der Gast beim Hinaustorkeln nicht gegen den harten Widerstand einer Türe knalle.«

Schon vorher hatte Eduard Seler auf seiner Reise durch Mexiko 1887/88 den Pulque kennengelernt: »Umso mehr sagte uns der Pulque zu, das uralte, heimische, von den Indianern erfundene, aus dem Saft der Agave oder Maguey bereitete Getränk … welches den Wein ersetzt. Der Pulque sieht wie schlechte Milch aus, riecht wie Bier und hat einen angenehm säuerlichen, erfrischenden Geschmack. … In der Stadt wird täglich für 20–25 000 Dollar getrunken, und abends nach sechs Uhr ist kein Tropfen mehr zu haben.

Pulquerías gab's schon in der Mythologie, sie waren im Nachthimmel etabliert, und nach vollbrachtem Tagwerk trafen sich dort die Götter. Wie man im Codex Vaticanus nachzählen kann, verfügte die Agavegöttin Magayel über einen Pulque-Ausschank von vierhundert Brüsten.«

Inzwischen hat das Bier den Pulque fast überall ersetzt, nur in einigen ländlichen Regionen wird er weiterhin getrunken. Tequila und Mezcal hingegen werden unverändert geschätzt, auch wenn der Whisky ihnen Konkurrenz macht. Doch die Mexikaner beharren auf ihren drei Ts: Taco, Tortilla und Tequila.

Hundert Jahre nach der Revolution wurde die mexikanische Küche 2010 als »immaterielles Weltkulturerbe« ausgezeichnet. Sie umfasse antike Anbauweisen und zugleich komplexe moderne Techniken, rituelle und spirituelle Bräuche und präge das Leben und den Alltag der Mexikaner, so die UNESCO. Die Vielfalt der regionalen Küchen sei beeindruckend und unüberschaubar. Berühmteste Gerichte seien der Huachinango à la veracruzana (Fisch) oder das Cochinito pibil im Hochland (Schweinefleisch).

Huachinango a la veracruzana

Red Snapper nach Art von Veracruz (mit Tomatensauce, Oliven und Kapern)

1 ganzer Red Snapper, mit Kopf und Schwanz, geschuppt und geputzt oder 4 dicke Fischfilets, circa 700 g (Red Snapper, Rotbarsch, Seeteufel, Kabeljau)
Salz und Pfeffer
1 Bio-Limette, in dünne Scheiben geschnitten
1 Handvoll frische Petersilie oder Oregano
2 Knoblauchzehen
3 EL Olivenöl

Für die Tomatensauce

5 EL Olivenöl
1 Zwiebel, in kleine Würfel geschnitten
2 Knoblauchzehen, fein gehackt
800 g reife Tomaten, gewürfelt (wahlweise: Tomaten aus der Dose)
1 Lorbeerblatt
1 Zweig frischer Thymian
¼ TL Oregano
100 ml Weißwein
Salz und Pfeffer
2–3 in Scheiben geschnittene Jalapeño-Schoten aus der Dose
1 gelbe Paprika
12 entsteinte grüne Oliven

2 EL abgetropfte Kapern
Meersalz und Pfeffer nach Geschmack
ein wenig gehackte Petersilie

Zubereitung

Den Fisch von allen Seiten mit Salz und Pfeffer würzen. Den Fisch am Bauch öffnen und aufklappen, ebenfalls mit Salz und Pfeffer würzen und die Limette, den Knoblauch und die Kräuter dazugeben. In eine Ofenform legen und mit Olivenöl beträufeln. Bei 180°C etwa 20 Minuten backen, am besten zugedeckt, bis sich die Gräten leicht lösen lassen. Zwischendurch mit einen Löffel den Sud über den Fisch gießen.

Zubereitung der Tomatensauce

Das Olivenöl erhitzen und die Zwiebel mit dem Knoblauch glasig anbraten. Die Tomaten, das Lorbeerblatt, den Thymian und den Oregano hinzufügen und etwa 10 Minuten köcheln lassen. Mit Weißwein ablöschen, mit etwas Salz und Pfeffer würzen und zugedeckt auf kleiner Flamme mindestens 20 Minuten köcheln lassen, dabei gelegentlich umrühren. Die eingelegten Jalapeño-Schoten und die gelbe Paprika, grüne Oliven und Kapern hinzufügen und weitere 5 Minuten bei geringer Hitze köcheln lassen. Mit Salz und Pfeffer abschmecken.

Anrichten

Den Fisch mit der erhitzten Sauce servieren und mit gehackter Petersilie garnieren.
Option für Fischfilets: Garen Sie die gewürzten Filets direkt in dem Topf, in dem die Sauce war zubereitet wurde.
Dieses Rezept ist eine Variation von Bacalao a la Vizcaína. In Veracruz wird es mit Chili güero oder gelbem Chili zubereitet.

Mit Reis oder Maistortillas servieren.

Vom Festmahl Moctezumas zur heutigen Opulenz und zum Raffinement der mexikanischen Küche verläuft ein langer Weg mit einigen Unterbrechungen. Die noch heute verbreitete Angewohnheit, Körner zu kauen, weckt Assoziationen zu einem aztekischen Brauch. Der Schriftsteller und Journalist Juan Villoro (*1956) schwärmt von den daraus hergestellten Süßspeisen: »Eine Schlacht entgegengesetzter Ähnlichkeiten, der unterschiedlichen Ähnlichkeiten, um sie auf irgendeine Weise zu benennen: der überwältigenden Widersprüche, um zum Triumph und zur Niederlage der beiden Seiten zu kommen, um … das perfekte Oxymoron, das Symbol der mexikanischen Küche oder mit anderen Worten, die Verbindung der Gegensätze oder der scheinbaren Gegensätze zu erlangen: der Himmel und die Hölle, das Süße und das Salzige, die Nacht und der Tag, die Liebe und der Hass.«

Charakteristisch für die mexikanische Kochkunst sind heute mestizische Speisen und die Fusionen, dazu kommen die Einflüsse vieler Länder und Kulturen während fünf Jahrhunderten. In Worten von Fernando del Paso: »Es war ein Kampf gegensätzlicher Affinitäten, ungleicher Ähnlichkeiten, um sie irgendwie zu benennen; verblüffende Widersprüche, um den Triumph und den Untergang beider Teile zu erzielen … und ist das perfekte Oxymoron, Symbol der mexikanischen Küche oder, in anderen Worten, Himmel und Hölle, das Süße und das Salzige, Tag und Nacht, Liebe und Hass.«

Peru

Papa
heißt du,
Kartoffel, und nicht Patata,
du kamst nicht mit einem Bart zur Welt,
bist spanisch nicht:
dunkel bist du
wie unsere Haut,
Kartoffel, Amerikaner sind wir,
Indios sind wir.

Pablo Neruda

Eroberung und erste Zeugnisse über die Kartoffel

Die Eroberung von Tahuantinsuyu, das gewaltige und in vier Regionen geteilte Königreich der Inka, das sich vom Süden des heutigen Kolumbien bis nach Argentinien erstreckte, gelang Francisco Pizarro mit nur sechzig Reitern und 106 oder 164 Soldaten (die Zahlen variieren). Am 15. November 1532 erreichte die kleine Truppe die Stadt Cajamarca, ›das Land der Dornen‹ in der Sierra mit Thermalbädern, wo der Inkaherrscher Atahualpa (ca. 1500–1533) ein Militärcamp errichtet hatte. Die Spanier suchten ihn auf und fragten, wo sie wohnen könnten und ob er Pizarro empfangen würde. Auf dem Weg von der Küstenstadt Tumbes bis ins Hochland hatten sie stets ausreichend Proviant in den Vorratshäusern (*tambos*) gefunden, die auf den ›Königswegen der Inka‹ in vorgeschriebenen Abständen erbaut und regelmäßig mit wichtigen Grundnahrungsmitteln aufgefüllt wurden. Diese Königswege verbanden alle wichtigen Städte des Imperiums. Francisco Pizarro nutzte die erbittert geführten und soeben beendeten Kämpfe, die nach dem Tod des Herrschers Huayna Cápac (1464–1524) zwischen seinen beiden Söhnen ausgebrochen waren. Atahualpa hatte bereits die Ermordung seines Halbbruders Huáscar (1490–1533) befohlen und den Sieg über dessen Truppen errungen. Aber seine Soldaten waren nach dem langen Krieg erschöpft. Daher fiel es den Spaniern leicht, sich vor der erdrückenden Übermacht der indigenen Kämpfer – vermutlich zwanzig- bis vierzigtausend – nicht einschüchtern zu lassen. Zudem wussten sie nicht, wie viele ihnen gegenüberstehen würden, und setzten daher ihren Vormarsch unbeirrt fort. Vielleicht ahnten sie, dass es keinen anderen Ausweg gab. Francisco de Xerez (1497–1565), Chronist und Sekretär des Analphabeten Pizarro, begleitete diesen auf den Eroberungszügen und hielt die unerhörte und unglaubliche Geschichte der Eroberung in *Verdadera relación de la Conquista del Perú* (Wahre Geschichte der Eroberung Perus) fest, die schon 1534 in Sevilla publiziert wurde.

Obwohl der Verfasser sich auf die militärische Eroberung konzentrierte, erwähnte er doch die großartigen Vorratshäuser, in denen neben Mais, Yuca, Bohnen und Dörrfleisch eine unbekannte ›Frucht‹ lagerte, die ihn an Fleischbällchen erinnerte. Vermutlich waren es entwässerte Kartoffeln, die nach einem aufwändigen Verfahren des Einfrierens lange aufbewahrt werden konnten – eine in den Hochanden damals verbreitete und bis heute gebräuchliche Art des Konservierens.

Nur ein Jahrzehnt später kam Pedro Cieza de León (1520–1554) als Dreizehnjähriger nach Amerika, um 1548 gelangte er nach Peru. Auf seinen Märschen hielt er aufmerksam alles fest, was er beobachtete, nicht kannte und neu dazulernte. Er hörte von den heftigen Machtkämpfen zwischen Pizarro und Diego de Almagro (1479–1538), dem ehemaligen Verbündeten und späteren Rivalen. Beide waren bereits verstorben. Cieza de León wurde zu einem der bedeutendsten Chronisten, Geographen, Ethnographen, Botaniker und Zoologen seiner Zeit. Insgesamt verbrachte er siebzehn Jahre in Amerika. Ihm verdanken wir eine erste Beschreibung der Kartoffel: »Sie sieht aus wie eine Trüffel und gekocht ist sie innen so weich wie eine gebratene Marone. Sie hat, wie die Trüffel, weder Schale noch Kern, denn sie wächst wie diese unterirdisch. Ihre Blätter sehen ähnlich aus wie die des Mohns.« Er sagte auch, dass »man sie an der Sonne trocknet und sie so von einer Ernte zur anderen aufbewahrt wird. Diese getrockneten Kartoffeln heißen *chuño*.«

Desgleichen erwähnt er ein anderes Korn: »Es gibt noch eine sehr gute essbare Pflanze, die Quinoa heißt. Sie hat Blätter wie der maurische Mangold, wächst bis fast zur Manneshöhe und trägt winzige weiße und rote

Samenkörner ... die sie gekocht, ähnlich wie Reis, essen.« Voller Entsetzen sprach er von speziellen Essgewohnheiten wie vom Verspeisen der Leguane, die »wie Schlangen aussehen«, fügte aber hinzu, dass sie so gut schmecken »wie Kaninchen«, wenn man sie gehäutet und gebraten hat. Ein weiteres, bis heute beliebtes Tier war das Meerschweinchen oder ›Kaninchen der Indien‹, das man üblicherweise für die Anticuchos verwendet.

Anticuchos de pollo

Marinierte Hähnchenspieße nach peruanischer Art

Für 8 Spieße

600 g Hühnerbrüste aus Maisfütterung oder aus biologischer Haltung
8 Holzspieße

Für die Marinade

1 Knoblauchzehe
1 EL Ají-Panca-Pfefferpaste (ersatzweise ½ EL scharfes Paprikapulver)
1 TL frisch geröstete und gemahlene Kreuzkümmelsamen
½ TL Oregano
frisch gemahlener Pfeffer
1 Prise Zucker
4 EL Weißweinessig
5 EL Olivenöl
Meersalz

Zubereitung

Für die Marinade den Knoblauch schälen, sehr fein hacken oder reiben. Mit Chilipaste, Kreuzkümmel, Oregano, Pfeffer, Zucker, Weißweinessig und Olivenöl verrühren. Salz wird später hinzugefügt.

Hähnchenfleisch waschen, trockentupfen und in 2 cm große Würfel schneiden. Mit der Marinade vermengen und abgedeckt

im Kühlschrank mindestens 2 Stunden, am besten jedoch über Nacht, durchziehen lassen. Zwischendurch wenden, damit sich die Marinade gleichmäßig verteilt.
Die Fleischstücke aus der Marinade nehmen, etwas abtropfen lassen und auf Holzspieße stecken. Die Spieße auf dem heißen Grill, im vorgeheizten Backofen (200°C) oder in einer Grillpfanne anbraten, bis sie gar sind. Erst jetzt von beiden Seiten salzen.

Nach Belieben mit Salsa criolla (siehe Seite 94) servieren.

Tipp

Holzspieße vor dem Fleischaufspießen circa 15 Minuten in Wasser legen. Sie verbrennen dann nicht so schnell beim Anbraten, und das Fleisch lässt sich leichter vom Spieß lösen.

Variante

Für vegetarische Anticuchos eignen sich zum Beispiel Auberginen gut als Ersatz für das Hähnchenfleisch. Sie werden ebenfalls in 2 cm große Würfel geschnitten und mariniert.
Die Marinade reicht für circa 800 g Gemüse.
Originale Anticuchos sind aus Rinderherz Stücke. Diese können aber auch durch anderes Fleisch oder Gemüse ersetzt werden.

Nur der erste Teil der *Crónica del Perú* von Cieza de León wurde 1553 zu seinen Lebzeiten veröffentlicht, der zweite folgte 1880. Das komplette Manuskript konnte aber erst 1979 publiziert werden, nachdem das Manuskript des dritten Teils in der Bibliothek des Vatikans gefunden worden war. Sein Werk gilt als erstes Projekt einer umfassenden Geschichte der andinen Welt.

Der Historiker Agustín de Zárate (1514–1585) kam 1543 als königlicher Beamter nach Peru. Hier sammelte er das Material für seine 1555 in Antwerpen publizierte einflussreiche *Geschichte über die Entdeckung und Eroberung von Peru,* in der er die gute und gesunde Luft von Lima, die Reichtümer an Gold und Silber in der Sierra und die beeindruckende Fruchtbarkeit des ganzen Landes lobte, wo »alles schneller und größer wächst als in der Heimat«, wo es viel Fisch, Wild, das beliebte Meerschweinchen und vor allem nahrhaftes Wurzelgemüse wie Yuca, Süßkartoffel und eben Kartoffeln gab. Schon der Soldat und Priester Juan de Castellanos (1522–1606), Verfasser der *Elegien berühmter Männer der Indien* mit insgesamt 113 609 Versen, hob 1589 die sorgfältige Lagerung der Grundnahrungsmittel hervor: »In allen Häusern der Indios lagern Vorräte an Mais, Bohnen und Trüffeln, runden Wurzeln, die ausgesät werden.«

Ein weiterer spanischer Chronist, der Jesuit Bernabé Cobo (1582–1657), hat sich intensiv mit der Geschichte, vor allem aber mit der Flora und Fauna Perus beschäftigt. Er lebte insgesamt 61 Jahre in Amerika, vorwiegend in Peru und Mexiko. Das Manuskript seiner *Historia del Nuevo Mundo* (Geschichte der Neuen Welt) stammt aus dem Jahr 1653 und wurde wiederum erst Jahrhunderte später vollständig gedruckt (1890–1893). Cobo verstand Aymara und Quechua, die beiden Sprachen des Altiplano, und vermittelte daher bedeutende Erkenntnisse über das Denken und Leben der Indigenen. Er beschrieb auch die Schwarzen, die als Sklaven herbeigeschafft wurden – zunächst meist aus Guinea, später auch aus dem Senegal und dem Kongo. Sie leisteten die Schwerstarbeit bei der Goldwäsche und in der Perlenfischerei, durften aber weder in der Sierra noch in den Minen arbeiten. Cobos botanische Kenntnisse und Forschungen gelten als Meilensteine, sodass ihm sogar die Ehre zuteilwurde, Namensgeber einer Pflanze zu sein. Nicht zuletzt war er maßgeblich an der Entdeckung des Chinins beteiligt, das er nach Europa brachte.

Cobo lieferte detaillierte Beschreibungen über die Nutzung und Verbreitung vieler einheimischer Nahrungsmittel und erklärte, wie die Frauen aus Mais das Nationalgetränk Chicha herstellten. Charakteristisch sind seine Vergleiche mit in Spanien bekannten Esswaren, die oft zu ausufernden Erläuterungen führten. Selbstverständlich widmete er der Kartoffel einen langen Eintrag, die auch er als Trüffel bezeichnete. Sie sei enorm wichtig für die Ernährung der Bevölkerung, für mehr als die Hälfte aller Bewohner sei sie das tägliche Brot. Er unterschied verschiedene Sorten, Farben (weiß, gelb, lila oder violett) und Größen – »so dick wie Fäuste oder so klein wie Haselnüsse können sie sein, aber die meisten sind so groß wie Hühnereier«. Man kann sie kochen oder braten, aufs Feuer legen und in allen Eintöpfen verwenden. Vor allem lassen sie sich gut aufbewahren, denn »man legt sie zwölf oder vierzehn Tage in die Sonne, und nachts kommt der Frost, und so schrumpfen sie und verlieren Flüssigkeit. Um diese ganz zu entfernen, zerstampft man sie und setzt sie weitere zwei Wochen der Sonne und dem Frost aus, und dann sind sie so leicht wie Korken und heißen *chuños*. Aus den grünen Kartoffeln bereitet man herrliche Küchlein zu, aus den weißen ein Mehl, feiner als das spanische Weizenmehl.« Abschließend folgen die üblichen medizinischen Überlegungen, wozu die Kartoffel gut sei und wo sie schaden könne. Verbranntes *chuño*-Puder diente zum Beispiel als Heilmittel, um bösartige und hartnäckige Wunden zu schließen.

Alle diese frühen Texte betonen die Fülle und Variationsbreite der Nahrungsmittel – ein gewaltiger Unterschied zum Mangel in Spanien, der für Armut und Hunger verantwortlich war. Im Inkareich gab es zur Zeit Cobos ausreichend Essen für alle – was später nie wieder der Fall war. Mario Vargas Llosa (*1936) schreibt im *Lexikon des Liebhabers von Lateinamerika*: »Die hervorragendste Leistung waren nicht die Königswege …, die Tempel und Festungen, das Bewässerungssystem oder die vorzügliche administrative Verwaltung, sondern etwas, was alle kolonialen Zeugnisse betonen: fähig gewesen zu sein, den Hunger in ihrem riesigen Reich ausgemerzt zu haben und ausreichend Erträge zu erwirtschaften und so zu verteilen, dass alle Untertanen zu essen hatten. Von nur wenigen Imperien der Geschichte kann man etwas Ähnliches sagen.«

Weitere Pflanzen, Knollengewächse und die Coca

Neben der Kartoffel entdeckte Bernabé Cobo weitere Knollen und Wurzeln, die ebenfalls köstlich schmeckten und weit verbreitet waren, wie die *oca* – das Lexikon liefert kein deutsches Äquivalent. Getrocknet schmecken sie wie Feigen, heißt es, und ihr medizinischer Nutzen übertrifft den der Kartoffel bei weitem – der Autor vermittelt den Eindruck, sie sei ein Allheilmittel.

Cobos Werk ist eine Schatztruhe: Er hat 55 Sorten Fisch, 59 Vogelarten, 129 Bäume und die verschiedensten Sorten Chili detailliert aufgelistet, ohne die kein peruanisches Gericht gegessen wird. Hinzu kommen Früchte und Gemüse (die Avocados heißen *palta* in Peru und sind besonders schmackhaft). Sein besonderes Augenmerk galt der *coca*, die im ganzen Inkareich als Heilkraut diente. Ihr Gebrauch war den Herrschern vorbehalten, einfache Edelleute benötigten eine Lizenz, um sie zu kauen oder zuzubereiten. Nach der Eroberung wurde dieses Verbot abgeschafft, und so bauten die Spanier die Pflanze schon bald in großen Plantagen an, vor allem in der Umgebung von Cuzco, denn mit ihr erzielten sie gewaltige Gewinne.

›Den Mythos der Coca‹ erzählte der spanische Forscher und Eroberer Gonzalo Jiménez de Quesada (1509–1579) bereits 1571 und fügte die Legende hinzu: »Bevor sie wie heute auf Bäumen wächst, war sie eine sehr schöne Frau, aber weil sie in ihrem Körper schlecht war, tötete und halbierte man sie und säte sie dann aus, und aus ihr wuchs ein Baum, den sie *mamacoca* und *cocamama* nannten und danach begannen sie sie zu essen.«

Cieza de León staunte über den allgemeinen Verzehr der Coca, die Indios würden von morgens bis abends darauf kauen. Er fragte, warum sie diese Blätter ständig im Mund hätten, ohne sie auszuspucken, und erfuhr, dass sie deshalb keinen Hunger verspürten und sich kräftig fühlten. 1548/49 und 1551 war der Ertrag aus der Coca-Ernte höher als jener der *repartimientos* – den oft riesigen Landgütern, die den Spaniern für ihre Verdienste bei der Eroberung zugeteilt worden waren. Mit der Coca erwirtschafteten sie leicht und schnell mehr als 80 000 Pesos. Nur der Gewürzhandel sei noch einträglicher, so Cieza. Coca wurde in den Silberminen von Potosí regelmäßig als Teil des Lohns an die Indios verteilt, damit sie länger und intensiver arbeiten konnten.

Der Jesuit José de Acosta (1539–1599), dem wir das umfassende Werk über die Geographie und Naturgeschichte von Peru und Mexiko verdanken, *Das Gold des Kondors. Berichte aus der Neuen Welt 1590 und Atlas zur Geschichte ihrer Entdeckung*, erläuterte neben wichtigen Nutzpflanzen wie der omnipräsenten Kartoffel auch die Coca, die er ausführlich beschrieb: »Die so geschätzte Coca ist ein kleines grünes Blatt, das auf kleinen Bäumchen wächst … in sehr feuchten und warmen Regionen. Der Baum gibt viermal im Jahr diese Blätter … und braucht viel Sorgfalt beim Anbau, da es eine empfindliche Pflanze ist, und mehr noch nach der Ernte für die Aufbewahrung … Man nutzt sie, indem man die Blätter in den Mund steckt, sie kaut und dabei aussaugt. Es heißt, das verleiht viel Kraft und ist ein einzigartiges Geschenk. … es gibt den Indios viel Ausdauer, denn mit der Coca können sie die Arbeitszeit verdoppeln, ohne manchmal etwas anderes zu essen. … die Inkas opferten sie ihren Göttern.«

Dem ersten mestizischen und renommierten Dichter Garcilaso de la Vega, der in Cuzco 1539 als Sohn einer Inka-Prinzessin und eines spanischen Konquistadors geboren wurde, verdanken wir die umfassendsten und in großartiger Prosa verfassten Aufzeichnungen über das Inkareich.

Garcilaso kam mit etwa zwanzig Jahren nach Spanien und starb 1616 in Córdoba. Er sah seine Heimat nie wieder. Erstaunlich ist, wie wenig Raum er Flora und Fauna in seinen umfangreichen *Wahrhaftigen Kommentaren zum Reich der Inka* gewährt. Immerhin betonte er die Bedeutung von Mais und Quinoa, daneben die der *papa*, die die Indios »gekocht und gebraten essen und den Fleischgerichten beigeben«. Über die *oca* schrieb er: »Sie schmeckt sehr gut, ist lang und daumendick; sie verzehren sie roh, da sie süß ist, wie auch gekocht und in ihren anderen Gerichten; und sie legen sie in die Sonne, um sie haltbar zu machen, und ohne dass Honig oder Zucker dazugegeben wird, ist sie offenbar konserviert, weil sie sehr süß ist; sie wird dann *caui* genannt.« De la Vega zählte noch andere Gemüsearten auf wie die Süßkartoffeln, die Kürbisse in ihren vielen Varianten, beschrieb desgleichen die Früchte der größeren Bäume, insbesondere die des *mulli* und des *maguey*, die beide von großem Nutzen seien. Ersterer wird ›falscher Pfefferbaum‹ genannt, letzterer ist die Agave.

Stolz war er auf die enorme Fruchtbarkeit seiner Heimat, in der alles problemlos gedeihe. Alle importierten Pflanzen und Früchte würden viel größer und kräftiger als in Europa, so der Weizen oder die Kräuter. »In Ciudad de los Reyes wuchsen die ersten Endivien- und Spinatpflanzen, die man ausgesetzt hatte, so hoch, dass ein Mann die Schösslinge kaum mit ausgestreckter Hand erreichen konnte, und sie standen so dicht, dass kein Pferd hindurchdrang.« Die Wurzeln der Melonen im Ica-Tal bildeten gar einen Stock, der »jahrelang ausdauert und alljährlich Melonen trägt, und die Pflanze wird wie ein Baum beschnitten, was, soweit mir bekannt ist, in Spanien nirgends der Fall ist.« Noch erstaunlicher ist diese Erzählung: »Ein Rettich in der Nähe von Arica war so riesig, dass im Schatten seiner Blätter fünf Pferde angebunden werden konnten: Der Sohn des Vizekönigs kam ihn ansehen, mit anderen Menschen, und er war so groß, dass ein Mann ihn mit beiden Armen kaum umrunden konnte, und er war so zart, dass er ins Haus von García de Mendoza getragen wurde und viele von ihm aßen.« Viele weitere ›wahre‹ Geschichten berichten von solchen Wundern der Natur.

Wichtig war Garcilaso das zahme Vieh. »Die Haustiere, die Gott den Indianern von Peru gegeben hat, entsprechen der sanften Gemütsart der Indianer selber. Denn sie seien so sanftmütig, dass jedes Kind sie führen könne, wohin es wolle«, womit die Lamas gemeint sind, die als ideale Lasttiere genutzt werden. Das Schicksal der Eingeborenen betrübte und empörte den Verfasser, ihre bedrückende Lage nach der Eroberung schilderte er ausführlich: »Sie zählen zu den ärmsten und elendsten Menschen der Welt, obwohl das Land an Gold, Silber und Edelsteinen bekanntlich so reich ist.«

Die Kartoffel

Peru hat der Welt die Kartoffel (*la papa*) geschenkt, wie wir wissen. Im Land selbst gibt zwischen 3500 und 4000 Sorten: braune, schwarze, gelbe, violette, blaue, rote und weiße, die sich in Größe, Form und Geschmack unterscheiden. Sie wachsen in den abgelegenen und nur schwer zugänglichen Tälern der Anden, vor allem werden sie kunstvoll in den beeindruckenden und aufwändigen Terrassenanlagen gepflanzt, die es den Indigenen ermöglichten, auf kleinstem Raum und in großer Höhe ihre Papas anzubauen. Die Verbreitung der Kartoffel in Europa hat die Bevölkerung mit einem preiswerten Grundnahrungsmittel versorgt (100 g enthalten siebzig Kalorien und die Hälfte des täglichen Vitaminbedarfs). Hungersnöte konnten gelindert oder vermieden werden, und die Könige Europas schätzten sie, weil sie so ihre Truppen ausreichend zu ernähren vermochten.

Der Name *papa* variierte schon in Spanien: aus *papa* und *batata* (Süßkartoffel) entstand *patata*. Jede Sprache fand ihren eigenen Namen für die Knolle: pommes de terre, potatoes, Erdäpfel, Erdknollen, Kartoffeln oder Tartuffeln – da hört man ein Echo der ersten Beschreibungen als Trüffel.

Der Weg der Kartoffel nach Europa verlief zwischen 1550 und 1560 zunächst über die Kanaren nach Spanien, später gelangte sie in die übrigen Länder. Sir Walter Raleigh (1552–1618) führte sie in Irland ein. Dokumentiert ist, dass in Sevilla 1570 erstmals mit Kartoffeln gehandelt wurde. Es war ein vorsichtiges Kennenlernen, denn die Pflanze wurde zunächst misstrauisch beäugt. Die grünen Blätter des Nachtschattengewächses sind giftig, und so blieben erste schlechte Erfahrungen, die dem Verzehr der Blätter geschuldet waren, nicht aus und verunsicherten die Menschen. Die Untertanen waren zunächst gar nicht erfreut, von ihren Königen zum Anpflanzen und Verzehren der Kartoffel gezwungen zu werden.

Nach einer Hungersnot 1769 schrieb die ehrwürdige Académie française einen Wettbewerb über »nährreiches Gemüse« aus, das geeignet wäre, Brot zu ersetzen. Der französische Pharmazeut und Agronom Antoine Parmentier (1737–1813) wurde mit seiner Abhandlung über den Nutzen der Kartoffel zum Sieger gekürt. Bekannt ist die Anekdote, dass er ein großes Feld von Soldaten bewachen ließ, und sobald er diese abzog, holten sich die Bauern angeblich mit großem Eifer die Knollen für ihre Äcker. Noch heute ehrt ein populäres Gericht den Verbreiter der guten Mär gegen den Hunger: *Hachis Parmentier* findet sich auf vielen französischen Speisekarten.

Causa limeña

Peruanisches kalt serviertes Schichtgericht aus veganem Kartoffelstampf und Thunfisch

Für den Zitrus-Kartoffelstampf

800 g mehlige Kartoffeln
1 oder 2 EL Ají-Amarillo-Paste
25 ml neutrales Öl
25 ml Olivenöl
2 Zitronen, gerieben und ausgepresst
Meersalz
Frisch gemahlener schwarzer Pfeffer

Für die Füllung

1 Dose Thunfisch (180 g Abtropfgewicht)
100 g Mayonnaise
1 rote Zwiebel, gewürfelt
1 Avocado
1 TL frischer Limettensaft
2 Tomaten
2 Zweige frischer Koriander

Zum Anrichten

4 frische Kopfsalatblätter
4 hartgekochte (Wachtel-)Eier, der Länge nach halbiert
eine Handvoll schwarze Botija- oder Kalamata-Oliven
4 Zweige glatte Petersilie

Zubereitung des Kartoffelstampfs

Die ungeschälten Kartoffeln in Wasser kochen. Wenn sie gar sind, das Wasser abgießen, die Kartoffeln pellen, solange sie noch heiß sind, und durch ein Sieb drücken. In einer Schüssel die gepressten Kartoffeln mit Ají-Amarillo-Paste, Öl, Zitronenabrieb und -saft, Meersalz und Pfeffer mischen und mit einem Kartoffelstampfer zerdrücken, bis der Stampf glatt ist und sich vom Schüsselrand löst. Nicht zu lange stampfen, damit die Masse luftig bleibt.

Zubereitung des Thunfischs

Den Thunfisch abtropfen lassen und in einer Schüssel mit Mayonnaise und roten Zwiebelwürfeln mischen. Die Avocado halbieren, entkernen, Fruchtfleisch aus der Schale lösen und längs in ½ cm dicke Scheiben schneiden. Avocadoscheiben mit Limettensaft beträufeln, damit sie nicht anlaufen. Den Strunk der Tomaten entfernen und diese ebenfalls in Scheiben schneiden.

Zusammensetzung der Causa

In vier Servierringe oder eine Auflaufform zunächst die Hälfte des Kartoffelstampfes geben und diesen glatt drücken. Darauf die Avocado- und Tomatenscheiben legen und etwas salzen. Anschließend die Thunfischmasse mit dem Löffel gleichmäßig verteilen. Zum Schluss eine weitere Schicht des Kartoffelstampfes obenauf glatt drücken.

Bei einer Auflaufform den Kartoffelschichtkuchen in vier oder je nach Wunsch, mehrere Stücke schneiden. Diese mit einem Salatblatt, Eierhälften, Oliven und einigen Petersilienblättern garnieren.

Tipp

Die Causa kann mit unterschiedlichen Füllungen zubereitet werden, wie etwa gegartem und gezupftem Hähnchenfleisch, Krebsfleisch oder auch vegetarisch. In Peru wird die Kartoffelmasse nur mit Rapsöl zubereitet, aber das Olivenöl verleiht noch einen besonderen Geschmack.

Für zusätzliche Farbe kann die Causa auch mit einer speziellen Mayonnaise serviert werden, die man mit schwarzen Oliven oder Ají-Amarillo mixt.

Eine ähnliche Geschichte über die Einführung der Kartoffel wird über den Preußenkönig Friedrich II. kolportiert. Er erteilte ab 1746 seinen Beamten im ganzen Reich zahlreiche ›Befehle‹ oder Erlasse, für einen großflächigen Anbau der

Kartoffel zu sorgen, denn er wünsche sich große und starke Soldaten. Die Pastoren priesen die Vorzüge der Knolle von den Kanzeln: Es handele sich um eine nahrhafte und preiswerte Speise für Mensch und Vieh. Die Bauern merkten schnell, dass man aus Kartoffeln Schnaps gewinnen konnte – ein gewaltiger Anreiz, mehr davon anzupflanzen. Auf dem Kaisergrab Friedrichs des Großen in Sanssouci finden sich häufig kleine Kartoffeln. In Deutschland widmen sich drei Museen der deutschen Geschichte des Gewächses – das größte befindet sich in München; dort steht eine schöne Kartoffelfigur aus Peru. Die als ›Kartoffelfresser‹ bekannten Deutschen stehen aber längst nicht mehr an der Spitze des Konsums, in China zum Beispiel ist der Verzehr pro Einwohner inzwischen deutlich höher.

Unaufhaltsam wurde die Kartoffel zum Hauptnahrungsmittel in verschiedenen Ländern. Als in Irland zwischen 1845 und 1849 wegen einer Kartoffelfäule mehrere Missernten aufeinander folgten, emigrierten fast zwei Millionen Menschen, eine weitere Million starb. Diese berüchtigte ›Große Hungersnot‹ (*blight*) gab Anlass zu enormen Anstrengungen, die Pflanze besser zu schützen und den Monoanbau zu korrigieren, denn auch in den USA, den Niederlanden, Belgien und Frankreich hatte der verheerende Eipilz (Oomyceten) gewütet. Einige Sorten waren besonders anfällig. Eine erste Erwähnung des ›Mehltaus‹ oder ›Brandes‹ findet sich übrigens schon bei José de Acosta, die Kartoffel war also immer gefährdet.

Während des Ersten Karlistenkrieges (1833–1840) entstand eines der Nationalgerichte Spaniens, die Tortilla de patata. Die Anekdote lautet, dass General Tomás de Zumalacárregui (1788–1835) mit Bärenhunger auf einem einsamen Hof ankam, wo die Bäuerin nur ein paar gekochte Kartoffeln und Eier vorrätig hatte. So wurde die erste Tortilla española zubereitet, die seitdem zum Grundbestand der spanischen Küche zählt und die es in unzähligen Varianten und Verfeinerungen gibt.

In Lima erforscht das Centro International de la Papa (CIP) seit 1971 die bestmögliche Kultivierung der verschiedenen Kartoffelsorten (und der Süßkartoffel, die kein Knollengewächs, sondern eine Wurzel ist). Die Kleinbauern werden gefördert, der nachhaltige Anbau, das traditionelle *buen vivir* der Indigenen, gestärkt, das auf der schonenden Pflege des Bodens gründet. Gesucht werden ökologische Mittel gegen verbreitete Krankheiten und bedrohliche Plagen – wie etwa gegen den Kartoffelkäfer, der im 19. und auch im 20. Jahrhundert ganze Landstriche heimsuchte. Mehr als 5000 Proben von Keimplasma wurden bereits in der Welt gesammelt, um besonders ernährungsreiche und widerstandsfähige Arten für die jeweiligen Regionen zu züchten. Eine Samenbank hütet das Erbe, um es vor dem Zugriff von Monsanto (Bayer) und anderen biotechnologischen Konzerngiganten zu schützen. Was den Indigenen, die die *pachamama* (Erde) verehrten, mit ihrem kunstvollen Terrassenanbau in den winzigen Parzellen der Hochanden vor Ankunft der Spanier bereits gelungen war, gilt heute als ein erstrebenswertes Ziel.

In Pisac (Provinz Cuzco) hat man einen Parque de la papa, einen Kartoffelpark, angelegt. Fünf indigene Gemeinden widmen sich dem Erhalt der biologischen Diversität in den Hochanden, Besucher werden über ›biokulturellen Tourismus‹, Agroökologie, Naturprodukte und Kunsthandwerk informiert.

In Peru spielt die Kartoffel in ihren zahllosen Varianten eine wichtige Rolle, denn sie ist preiswert. Papas a la huancaína ist ein allseits verbreitetes Gericht, dessen Ursprung vermutlich auf den Bau der Eisenbahntrasse von Lima nach Huancayo in der Sierra Ende des 19. Jahrhunderts zurückgeht. Die Frauen versorgten ihre Männer mit gekochten (gelben) Kartoffeln in einer pikanten Käsesauce. Das nahrhafte Gericht konnte auch kalt gegessen werden. Heute wird es überall angeboten, etwa in den kleinen Buden auf dem Jirón Gamarra im populären Bezirk La Victoria in

Lima, wo sie oft besser schmecken als in den feinen Läden in den vornehmen Stadtteilen San Isidro und Miraflores. Auf einem Teller werden Ceviche, Nudeln und Papas a la huancaína serviert – ein klassisches Trio, das Hunderttausende, vor allem die Arbeitsmigranten aus den Anden, täglich zu sich nehmen.

Papas a la huancaína

Pellkartoffeln mit Chili-Käsecreme

Für die Kartoffeln

4 große Kartoffeln (800 g), am besten gelbe in Bio-Qualität
feines Meersalz

Für die Sauce

4 Schoten Ají Amarillo (ersatzweise 2 EL Ají-Amarillo-Paste)
½ weiße Zwiebel
1 große Knoblauchzehe
80 ml Pflanzenöl
200 g Feta (oder Schafs-/Ziegenkäse)
2 EL frischer Limettensaft
200 ml Kondensmilch, ungesüßt
50 g Cream Cracker (ersatzweise Paniermehl)
feines Meersalz und Pfeffer aus der Mühle

Außerdem

1 kleiner Romanasalat
4 hartgekochte Eier
8 schwarze Botija- oder Kalamata-Oliven

Zubereitung

Kartoffeln waschen, in Salzwasser gar kochen, pellen und in dicke Scheiben schneiden. Für die Sauce von den Ají-Amarillo-Schoten die Samen und Trennhaut gründlich entfernen und grob hacken. Zwiebel und Knoblauch schälen und ebenfalls grob hacken. Das Öl erhitzen und den Aji Amarillo, Zwiebel und Knoblauch unter Rühren etwa 7 Minuten leicht ohne Bräune andünsten.

Feta in Würfel schneiden. Die gedünstete Ají-Amarillo-, Zwiebel- und Knoblauchmischung mit dem Feta, Limettensaft, Kondensmilch und den Cream Crackern vermengen und im Mixer oder mit einem Pürierstab pürieren, bis die Masse homogen und cremig ist. Falls die Sauce zu dünnflüssig sein sollte, mit mehr Cream Crackern oder Paniermehl zur gewünschten Konsistenz andicken. Mit Salz und Pfeffer abschmecken.
Romanasalat in einzelne Blätter zerteilen, putzen, waschen und trockenschleudern. Die hartgekochten Eier pellen und der Länge nach halbieren. Die Romanasalatblätter dekorativ auf vier Tellern anrichten, mit den Kartoffelscheiben belegen und die Sauce darüber verteilen. Mit den halbierten Eiern und den Oliven garnieren.

Avocados, Molle und andere Köstlichkeiten

Schon bald begannen die Eroberer, nicht nur die Kartoffel, sondern auch die verschiedenen Arten der Süßkartoffel (*batata*) in ihren Speiseplan zu integrieren, denn die indigenen Frauen standen am Herd und bedienten die Kochtöpfe. Von dieser ernährungsreichen Pflanze sind sowohl die Laubblätter essbar wie auch die Lianen, die Knollenwinden, die in mehreren Farben existieren. Die Schale oder das Fruchtfleisch können weiß, gelb, orange oder lila sein. Viele der ›neuen‹ Obst- und Gemüsearten kannten die Spanier bereits aus Mexiko, desgleichen die verschiedenen Chilis, und sie begeisterten sich für die angeblich viel bessere Qualität der peruanischen *palta* (Avocado). Ihre Beliebtheit war so groß, dass im Dezember, wenn die Früchte langsam reifen, die Ernte mit einem dionysischen Fest, Acataymita, gefeiert wurde. Es dauerte sechs Tage und sechs Nächte und versetzte den baskischen Pater Pablo José de Arriaga (1564–1622) in Furcht und Schrecken, wie er in seinem Buch über die *Ausrottung der Götzendienerei in Peru* um 1590 festhielt.

Pedro Cieza de León hatte schon (wie später andere Chronisten) einen weit verbreiteten, immergrünen Baum beschrieben, der als heilig galt und »wie ein Walnussbaum« aussah: *molle*, der Pfefferbaum. »Dessen Blätter sind sehr klein und riechen wie Fenchel. Die Rinde heilt Schmerzen und Schwellungen an den Beinen ... und mit den dünnen Zweigen kann man sich gut die Zähne putzen. Von den kleinen Früchten macht man Wein, Essig und ein anderes sehr gutes Getränk. Man zerstampft die Früchte und kocht sie, bis das Wasser verdampft ist. Je nach Kochzeit erhält man Wein, Essig oder Sirup.« Die kleinen Früchte nennt man inzwischen »rosa Pfeffer«.

Die Spanier lernten ständig Neues über Flora und Fauna hinzu. Von den Früchten schätzten sie besonders den *mamey* (ein ›Breiapfel‹, der eigentlich von der Insel Hispaniola kommt und dort *zapote* heißt): Er schmecke milder als ein Pfirsich und dufte so gut. Auch die *lúcuma* war beliebt: Sie ähnele dem *mamey*, und ihr Baum »sei so schön mit seinen dunkelgrünen Blättern, dass er gerne in den Vorgärten angepflanzt wird«. Nicht vergessen werden soll die *guayaba* (Guave), die ideal für viele Süßspeisen ist. Erstaunen riefen auch die riesig groß wachsenden Bananen und Ananas hervor. Gonzalo Fernández de Oviedo schätzte besonders die Ananas, »sie riecht besser als Pfirsiche, und das ganze Haus kann danach riechen, wenn man zwei oder mehr aufbewahrt; es ist eine so sanfte Frucht, dass ich glaube, sie ist eine der besten und schönsten der Welt«. Auch die Banane begeisterte ihn: »Und es gibt eine Pflanze, die die Christen ›Banana‹ nennen; sie wird so groß wie Bäume und ist so dick am Stamm wie ein großer Oberschenkel eines Mannes oder noch dicker, und oben wachsen lange und breite Blätter, mehr als drei Spannen breit und mehr als zehn Spannen lang, ... und in der Mitte, ganz oben, wächst ein Büschel oder eine Staude mit vierzig oder fünfzig Bananen.«

Quinoa

Quinoa ist, wie der Mais, eine altehrwürdige Pflanze. Der peruanische Chefkoch Virgilio Martínez schreibt: »Tausende Jahre lang waren die Samen der Quinoa Wechselgeld zwischen den Bauern der Hochanden .... Die Inka nannten sie *chisoya mama,* ›Mutter aller Körner‹, und die Legende besagt, dass der Inkaherrscher jedes Jahr die Erde mit einem goldenen Spaten umgrub und die ersten Samen der Saison säte.« Quinoa anzupflanzen war demnach ein heiliger Akt, wie die Pflanzung von Amaranth in Mexiko. Das Korn wächst in Höhen bis circa 4500 Meter, Quinoa gibt es in mehr als 3000 Arten. »Eine Pflanze ähnlich wie die Beermelde (oder Erdbeerspinat); etwa zwei Drittel wachsen davon in die Höhe ... und der Samen befindet sich in kleinen Büscheln am Ende des Stammes. Sie haben die Größe von Senfkörnern ... und es gibt weiße und rote«, hielt schon Bernabé Cobo fest. Desgleichen sagte er, dass sie medizinische Qualitäten besitze, wie so viele der autochthonen Pflanzen. Es ist ein sogenanntes Pseudogetreide. Die kleinen Körnchen enthalten viele Nährstoffe, Proteine und Aminosäuren. Es überrascht daher nicht, dass Quinoa in den letzten Jahren hochgeschätzt wurde, zumal es glutenfrei ist. Es wird im Müsli oder als Reisersatz verzehrt. UNO-Generalsekretär Ban Ki-moon hatte 2013 zum »Jahr der Quinoa« proklamiert, da die Pflanze helfe, den Hunger auf der Welt in Zeiten des Klimawandels zu lindern.

Quinoa war ein verbreitetes Lebensmittel der Indigenen, bevor die Spanier kamen. Erstere aßen die Körner wie die Blätter, aber mit der Conquista verschwand der Anbau im Altiplano nahezu komplett. Der mittlerweile sehr hohe Verbrauch in Europa und den USA hat die Preise so stark ansteigen lassen, dass die Indigenen sich Quinoa kaum noch leisten können.

Chaufa quinoa

Vegetarischer gebratener Quinoa auf peruanische Art

250 g Quinoa
4 Frühlingszwiebeln
1 Kopf Brokkoli
Eiswürfel
1 rote Paprika
eine Handvoll Champignons
4 Eier
2 EL Sesamöl
4 EL neutrales Öl
1 TL geriebener Ingwer
1 geriebene Knoblauchzehe
1 ganze gelbe Ají (Chilischote), entkernt und in dünne Streifen geschnitten oder 1 EL Chilipaste
100 ml Sojasauce
Salz

Zubereitung

Die Quinoa in einem Sieb mit kaltem Wasser waschen und anschließend mit 500 ml Wasser in einen Topf geben. Bei mittlerer Hitze zum Kochen bringen, dann die Hitze reduzieren, gegebenenfalls Schaum von der Oberfläche abschöpfen und mit Deckel abgedeckt weitergaren lassen, bis die Quinoa die Flüssigkeit komplett absorbiert hat.

Frühlingszwiebeln und Brokkoli waschen und abtropfen lassen. Den weißen Teil der Frühlingszwiebeln in 2 cm lange Stücke schneiden. Den grünen Teil in feine Ringe schneiden und für später zum Garnieren beiseite stellen.

Für den Brokkoli circa 3 Liter Wasser mit etwas Salz erhitzen. Den Brokkoli in Röschen zerteilen, den Stiel schälen und in Stifte von ½ x ½ x 2 cm schneiden. Anschließend den zerteilten Brokkoli im kochenden Salzwasser in etwa 3 Minuten bissfest garen und sofort in Eiswasser abkühlen, um den Kochvorgang zu stoppen.

Die rote Paprika würfeln und die Champignons vierteln.

Die Eier in eine Schüssel schlagen und mit etwas Salz verquirlen.

In einer Pfanne etwas Sesamöl erhitzen, die Hälfte der Eiermischung hineingeben und wie einen Pfannkuchen flach von beiden Seiten anbraten. Den ersten Eierpfannkuchen aus der Pfanne nehmen und den Vorgang mit dem restlichen Sesamöl und Eiern wiederholen. Die Eierpfannkuchen kurz abkühlen lassen, einrollen und aufgerollt in feine Streifen schneiden.
In der Pfanne oder in einem Wok jetzt das neutrale Öl erhitzen und die weiße Frühlingszwiebelstücke, Ingwer, Knoblauch und Chili bei mittlerer bis starker Hitze anbraten. Dann den Brokkoli, Paprika und Champignons dazugeben sowie die gegarte Quinoa und die Sojasauce. Unter ständigem Wenden weiterbraten, bis sich die Aromen verbinden. Die Eierstreifen untermischen, abschmecken und gegebenenfalls mit Salz und Ají nachwürzen. Zum Schluss mit grünen Frühlingszwiebelringen garnieren. Sojasauce nach Belieben.

Lima, die ›dreimal gekrönte Stadt der Könige‹

Lima wurde am 18. Januar 1535 von Francisco Pizarro gegründet. Die Stadt mit dem Hafen Callao wuchs schnell und entwickelte sich zu einer der schönsten und reichsten Kolonialstädte Lateinamerikas. Die Spanier brachten wie immer ihre Nahrungsmittel mit und bauten die ihnen vertrauten Pflanzen in der neuen Heimat an. Auch hier entstanden Gerichte, die indigene und spanische Ingredienzen verwendeten, es sind also ›mestizische‹ Speisen.

Und wie in Mexiko spielten die Klöster eine wichtige Rolle. Die Nonnen entwickelten vor allem köstliche Süßspeisen. Davon erzählt die französische Frauenrechtlerin Flora Tristan (1803–1844), die 1833 nach Peru reiste, um ihre reiche Familie väterlicherseits kennenzulernen und ihr Erbe einzufordern. Ihre kritische Sicht auf die Ungleichheiten der Kolonialgesellschaft fand später Echo in ihrem Reisebericht *Meine Reise nach Peru. Fahrten einer Paria*. Sie lobte »die guten Konfitüren und die ausgezeichneten Kuchen, auf deren Herstellung sich die Nonnen so gut verstehen«. Klöster wie Santa Rosa in Arequipa, damals eins der größten und wohlhabendsten der Stadt, oder Santa Catalina stellten kalorienreiche Süßspeisen jeder Art her, verarbeiteten Obst zu Konfitüren, kandierten verschiedene Früchte oder verarbeiteten sie zu Sirup. Und die frommen Schwestern in Lima, Arequipa, Cuzco und anderen Städten backten die Hostien (ebenfalls in Mexiko), also blieb immer viel Eigelb übrig, das verwertet werden musste. Das Angebot an neuen Kreationen mit den einheimischen Produkten war daher überreich, wovon überlieferte Speisekarten zeugen. Es gab sogar einen indirekten Wettbewerb zwischen den Orden, wer die besten Rezepte erfand, die Vizekönige und den Hofstaat – wie später die Präsidenten – erfreuen würden.

Flora Tristan, spätere Großmutter von Paul Gauguin, verbrachte vor ihrer Heimreise nach Europa noch einige Monate in Lima. Ihr Erbe hatte sie als illegitime Tochter nicht erhalten; viele ihrer Erfahrungen mit der wohlhabenden Familie und der feinen Gesellschaft in Arequipa waren für sie aber sehr ernüchternd. Ihre Erwartungen an Lima waren daher bescheiden. Sie litt unter den langen Mahlzeiten, die von drei Uhr bis fünf oder sechs Uhr nachmittags dauerten, und es störte sie der immense Aufwand, der betrieben wurde, um dem schönen Schein zu genügen: Die Tische waren vollbeladen mit erlesenen Kristallgläsern, französischem Porzellan und dem feinsten Silberbesteck. Lima zeichnete sich zu dieser Zeit »durch seine Fortschritte in der Kochkunst aus; und seit zehn Jahren ist die französische Küche maßgeblich«, so Flora Tristan. Sie breitete sich mit anderen Worten seit der Unabhängigkeit 1821 machtvoll aus. »Das Land liefert sehr gutes Fleisch, schönes Gemüse, Fisch jeder Art und ausgezeichnetes Obst im Überfluss, und für wenig Geld bekommt man leicht eine prachtvolle Hausmannskost. Für mich, die ich gewöhnlich in zehn Minuten mit dem Essen fertig bin, waren diese festlichen Gelage unvorstellbar ermüdend. Es gibt zwei bis drei Gänge, und wenn man nicht die Regeln der Höflichkeit verletzen will, muss man von allem etwas nehmen … man verbringt zwei Stunden bei Tisch, und während dieser Zeit dreht sich die Unterhaltung um das ausgezeichnete Essen … die Mengen, die bei diesen Gelegenheiten vertilgt werden, sind wahrhaft gewaltig, und natürlich fühlen sich am Ende der Mahlzeit fast alle Gäste schlecht. «

Mario Vargas Llosa hat in seinem Vorwort zu Flora Tristans *Meine Reise nach Peru* geschrieben: »In ihrem Erinnerungsbuch sollte sie ein großartiges Porträt dieser feudalen, gewalttätigen Gesellschaft mit ihrem enormen wirtschaftlichen Gefälle und ihren abgrundtiefen rassischen, sozialen und religiösen Gegensätzen zeichnen, von ihren Klöstern und ihrer von Götzenglauben geprägten Religion und von ihrer politischen Unordnung, in der die Caudillos sich die Macht in Kriegen streitig machten …, die oft so blutig wie grotesk waren. Dieses Buch, das die Einwohner Limas und Arequipas später verbrannten, empört über den grausamen Spiegel, den es ihnen vorhielt, ist eines der faszinierendsten Zeugnisse darüber, wie inmitten von Chaos, Hochstapelei, Farbigkeit, Gewalt und Wahn in Lateinamerika das Leben nach der Unabhängigkeit seinen Anfang nahm.«

Der Schriftsteller Sebastián Salazar Bondy (1924–1965) geißelte 1964 übrigens die gleichen Missstände wie Flora Tristan mehr als hundert Jahre später in seinem Essay *Lima, la horrible*. Seine Entmystifizierung der »dreimal gekrönten Königsstadt« wurde zu einem öffentlichen Ärgernis.

Natürlich konnten nur die Spanier und die reichen Kreolen, also die Angehörigen der bereits in Peru geborenen Oberschicht, in diesem Überfluss schwelgen. Die immensen Ungleichheiten der Gesellschaft existieren bis heute. Die Indigenen hatten ihrer Tradition folgend immer bescheiden gegessen, weil das besser für die Menschen und ihre Gesundheit sei. Man verehrte die Lebensmittel, nichts wurde weggeworfen. In den Dörfern gab es überlieferte Riten für die gemeinsame Aussaat und Ernte, die als Volksfeste gefeiert wurden. In der indigenen Welt und Wertvorstellung besaßen Nahrungsmittel eine hohe Bedeutung, da sie die Menschen ernähren konnten. Sie hatten eine physische und eine spirituelle Seite, *sami* genannt. So servierte man den Toten etwas von ihren Lieblingsspeisen auf einem kleinen Teller und verteilte es später an die Tiere, denn der Verstorbene hatte davon ja den *sami*-Teil gegessen. Schon der Jesuit José de Acosta hatte in seinen Berichten über die Neue Welt diesen »abergläubischen Brauch« beschrieben: »Auf die Gräber ihrer Verstorbenen legten die Menschen Speis und Trank, um damit die Toten zu ernähren. Auch wurde denen, bevor sie bestattet wurden, Silber in den Mund, in die Hände sowie auf die Brust gelegt; zudem wurden den Leichen gute, doppeltgenähte Kleider angezogen. Es herrschte hier nämlich die Vorstellung, dass die Seelen der Verstorbenen ruhelos umherschweiften und dabei möglicherweise unter Kälte, Hunger oder Durst zu leiden hatten.«

Im prähispanischen Peru bildete die rurale Gesellschaft mit ihren Festen und ihrer Religion ein geschlossenes Universum, das sich in den kleinen quechuasprachigen Gemeinden im Altiplano bis heute mehr oder weniger erhalten hat. Der bedeutende peruanische Schriftsteller und Anthropologe José María Arguedas (1911–1969), der in den Hochanden aufwuchs, hat dieses naturverbundene Leben sowie Armut und Unterdrückung in seinen Erzählungen und Romanen poetisch und eindringlich festgehalten. Die Indigenen tranken nie klares Wasser, sondern nahmen Flüssigkeit in Form verschiedener Sorten von Chicha zu sich; einige enthielten mehr, andere weniger Alkohol. Während des Essens sprachen sie nicht, getrunken wurde danach. Es kam zu oft tagelangen Trinkgelagen bei Festlichkeiten, und bis heute gibt es einen starken Hang zum Alkoholexzess.

Alle Chronisten haben die Herstellung der Chicha ausführlich dokumentiert. Die Frauen bereiten sie aus Mais, Yuca, *ocas* und anderen Wurzeln, aus Quinoa und den Früchten des Mollebaums zu, die es in mehreren Farben gibt: weiß, gelb, grau oder gemischt. In Peru ist die Chicha aus gekautem Mais die am meisten verbreitete Art. Sie findet zudem Verwendung in der Medizin: »gegen die Probleme zu urinieren, gegen Steine in Nieren und Blasen, … und deshalb gibt es weder bei alten noch jungen Indios diese Krankheiten, weil sie die Gewohnheit haben, Chicha zu trinken«, das behauptete jedenfalls Bernabé Cobo.

Traditionelle Straßenverkäufer und Immigration: Italien, China und Japan

Im 19. Jahrhundert zirkulierte eine Vielzahl von Straßenverkäufern in den peruanischen Städten. Der Autor Ricardo Palma (1833–1919), der mehr als 500 ›peruanische Traditionen‹ aufzeichnete, beschrieb, wie morgens um sechs Uhr die Milchverkäuferin durch die Straßen zog, um sieben folgte die Kräuterteeverkäuferin, um acht der Bäcker …, gegen elf wurde Obst angeboten, um zwölf diverse Imbisse und so ging es weiter bis abends um acht, wenn der Eishändler seine letzten Runden drehte. »Noch um 8 Uhr abends, zur gleichen Zeit wie das Geläut zum Feuerschutz, trat der *animero* oder Sakristan der Pfarrei mit einem roten Umhang und einer Laterne in der Hand aus der Kirche und betete für die armen Seelen im Fegefeuer oder bat um Spenden für die Kerze Unseres Herrn. Dieses Individuum war der Schrecken der Kinder, die nicht schlafen wollten. Danach ersetzte der Nachtwächter des Viertels, der *sereno,* die wandernden Uhren und sang zwischen Pfeifen und Pfeifen: Ave María Purísima. 10 Uhr hat es geschlagen. *Viva el Perú, y sereno.*«

Straßenverkäufer gibt es noch heute, sie stehen am Malecón in Lima und bieten Ceviche oder Anticuchos an, auf dem Holzkohlengrill gegarte Spießchen mit Kalbs- oder Rinderherz oder heute mehr aus Huhnstückchen. Die abendlichen Spaziergänger genießen den Blick auf das Meer und die kleinen Köstlichkeiten, es ist vielen eine liebgewordene Angewohnheit. Selbstverständlich gibt es eine Fülle von Ständen auf den Marktplätzen in allen Vierteln, die diverse Gerichte anbieten. Auf den Bahnhöfen im ganzen Land warten die Frauen auf die Einfahrt der Züge oder stehen an den Busstationen, um ihre meist einfachen Speisen zu verkaufen.

Ají de gallina

Hühnerfrikassee mit leicht scharfer Sauce

500 g Hühnerbrust
200 g Gemüse für die Suppe (Sellerie, Karotte, Lauch)
1 Lorbeerblatt
4 Knoblauchzehen
1 TL Salz
4 Scheiben (70 g) Weißbrot
150 ml Kondensmilch, ungesüßt
3 EL neutrales Öl
1 rote Zwiebel (140 g), fein gewürfelt
1 TL gemahlener Kreuzkümmel
4 gelbe Chilischoten, entkernt und ohne Adern
(ersatzweise 4 EL gelbe Chilipaste)
50 g gehackte Walnüsse
30 g geriebener Parmesankäse (optional)
Salz und frisch gemahlener schwarzer Pfeffer

Für die Garnierung

2 hartgekochte Eier
4 warme gelbe Kartoffeln, gekocht und geschält
4 schwarze Botija- oder Kalamata-Oliven
ein wenig gehackte frische Petersilie

Zubereitung

Das Suppengemüse waschen und in grobe Würfel schneiden. Die Hühnerbrust mit dem Suppengemüse, Lorbeerblatt, 2 Knoblauchzehen und dem Salz in einen Topf geben. Mit kaltem Wasser auffüllen, bis alle Zutaten bedeckt sind und für circa 35 Minuten kochen, bis die Hühnerbrust gar ist. Von Zeit zu Zeit den Schaum von der Oberfläche der Flüssigkeit mit einem Sieb abschöpfen.
Das Brot in Würfel schneiden und in der Milch einweichen.
Die beim Kochen entstandene Hühnerbrühe durch ein Sieb in eine Schüssel abgießen und beiseite stellen. Die gegarte Hühnerbrust etwas abkühlen lassen und mit der Hand in Streifen zupfen.
Für das Ají de gallina die übrig gebliebenen 2 Knoblauchzehen klein hacken. Das Öl erhitzen und die gewürfelte Zwiebel mit dem Knoblauch und Kreuzkümmel glasig andünsten.
Chilischoten oder -paste und die gehackten Walnüsse dazugeben. Das eingeweichte Brot, 300 ml Hühnerbrühe und das Hühnerfleisch dazugeben und 10 Minuten leicht köcheln lassen. Falls die Sauce zu dickflüssig ist, mit etwas Hühnerbrühe verdünnen. Zum Schluss mit dem Parmesankäse verfeinern und mit Salz und schwarzem Pfeffer aus der Mühle abschmecken.
Die hartgekochten Eier schälen und der Länge nach halbieren. Die warmen Kartoffeln in dicke Scheiben schneiden und auf vier Tellern anrichten und Ají de gallina darübergießen. Am Tellerrand mit einer hartgekochten Eihälfte und schwarzen Oliven garnieren. Als Letztes die fein geschnittene Petersilie über das Gericht verteilen.
Wird normalerweise mit gewürztem Reis serviert (siehe Seite 131).

Tipp

Durch Zugabe von etwas Kurkuma zur Sauce wird eine noch intensivere gelbe Farbe erreicht.

Die mestizische Küche der Indigenen und Spanier aus den ersten Jahrzehnten der Kolonisierung wurde bald vielfältiger. Schon Pizarro hatte versklavte Schwarze ins Land gebracht. Die Kreolen kamen schnell zu Reichtum und brauchten immer mehr neue und billige Arbeitskräfte, sodass der Menschenhandel enorm ausgeweitet wurde. José de Acosta hatte bereits in seinem Bericht 1590 angemerkt, dass es unter den Bewohnern von Lima »12 000 Negritos« gab. Die Schwarzen arbeiteten auf den Feldern und in den Haushalten, die Frauen waren Ammen und ersetzten bald die Indigenen, denn sie galten als vorzügliche Köchinnen. Bis die Sklaverei drei Jahrhunderte später, 1854, offiziell abgeschafft wurde, waren sie die beliebtesten, weil rechtlosen Hilfen im Haushalt. Sie verwendeten Palmöl und viel Yuca, woraus sie sogar Mehl herstellten, daneben Maniok, Erdnüsse, Melonenkerne, Honig, Bananen und Zuckerrohr. Aus jeder Art von Knollen, Süßkartoffeln, Bohnen und Kürbissen bereiteten sie wohlschmeckende Gerichte.

In der Mitte des 19. Jahrhunderts emigrierten viele Europäer nach Peru und Chile, vor allem Italiener. Die Verlockungen des Salpeterbooms, der schnellen Wohlstand versprach, waren enorm. Die gute Nachricht verbreitete sich in Windeseile in der Alten Welt, vergleichbar dem kalifornischen Goldrausch. Natürlich verzichteten die Immigranten nicht auf ihre Essgewohnheiten, und schon 1860 gründeten die Italiener erste Eisdielen. Einer dieser Eishersteller hieß Pedro D'Onofrio, das von ihm gegründete Unternehmen entwickelte sich zum heute größten Eisfabrikanten. Berühmt ist das goldgelbe Lúcuma-Eis der Firma, hergestellt aus der Frucht, die von den Inka als Heilmittel genutzt und als Fruchtbarkeitssymbol verehrt wurde. Das Obst hat eine etwas mehlige Konsistenz und gewinnt an Geschmack, sobald es verarbeitet wird. In Pulverform wurde es zu einem beliebten Nahrungsergänzungsmittel, werbewirksam ›Gold der Inka‹ genannt. Die kalorienreiche Frucht wird in vielen Süßspeisen verwendet.

Helado de lúcuma

Lucuma-Eis

Lucuma-Eis kann auf zwei verschiedene Arten zubereitet werden, je nachdem, ob Sie eine Eismaschine haben oder nicht.
Das Verfahren zur Herstellung der Grundmischung ist in beiden Fällen das gleiche.

1 kg gefrorenes Lucumamark-Püree
200 ml Kondensmilch, ungesüßt (oder mehr, je nach Geschmack)
½ TL Zimtpulver
¼ TL Nelkenpulver
400 ml Schlagsahne

Zubereitung

Das Lucuma-Püree leicht antauen lassen und mit der Kondensmilch, dem Zimt und den Nelken in einem Mixer pürieren.
Die Sahne in einer separaten Schüssel steif schlagen und behutsam unter die Masse heben. In eine Eismaschine füllen und einfrieren.
Falls Sie keine Eismaschine haben, füllen Sie die Masse in eine Metallschüssel und lassen sie im Tiefkühlfach gefrieren. Zwischendurch öfter herausnehmen und mit dem Schneebesen gut durchrühren oder mixen, damit sich keine Eiskristalle bilden. Sobald das Eis vollständig gefroren und cremig ist, kann es serviert werden.

Vor allem brachten die Italiener ihr Nationalgericht mit, und so schossen die Pizzabäcker wie Pilze aus dem Boden. Sie nutzten das von Italienern fabrizierte Mehl: Ein Verzeichnis der Unternehmer aus dem Jahr 1878 gibt darüber Auskunft, dass sich alle Mühlen Limas in italienischem Besitz befanden. Und auch die Pasta eroberte die letzten Winkel Perus. Es gibt sie in allen Varianten, als einfache Speise am Straßenrand wie als raffinierteste Kreation in den Gourmettempeln.

Eine weitere Gruppe von Immigranten übte ebenfalls einen prägenden Einfluss auf die peruanische Küche aus. Von 1849 bis 1874 kamen etwa 90 000 Chinesen ins Land, die im Eisenbahnbau, auf den Reisfeldern und Haciendas schufteten. Nachdem sie ihre meist für acht Jahre geltenden Verpflichtungen aus den Knebelverträgen erfüllt hatten, ließen sich viele in Lima und anderen Küstenstädten nieder und eröffneten Suppenküchen und kleine Gasthäuser. Vor Ausbruch des Pazifik- oder Salpeterkrieges 1879 befanden sich 20 Prozent dieser Lokalitäten im Umkreis des Zentralmarktes von Lima in chinesischem Besitz. Da nur wenige Frauen emigriert waren, heirateten die Chinesen indigene Frauen aus dem Hochland oder die Dienstmädchen der Städte. So kam es zu einer weiteren Vermischung, die in der Küche ein unmittelbares Echo fand. In den nächsten Jahrzehnten vergrößerten die ›Chinos‹ ihre Gasthäuser, die zu Restaurants wurden und seit 1931 in den besseren Wohnvierteln *chifas* genannt werden. Diese ungemein beliebten Einrichtungen findet man mittlerweile im ganzen Land. Viele entwickelten sich zu luxuriösen Esspalästen, deren raffinierte Menüs längst Kultstatus erreicht haben. Einige Gerichte wurden von weltweit bekannten Sterneköchen kreiert.

Salsa criolla

Kreolische Sauce

1 große rote Zwiebel
1 Schote Ají Amarillo oder Limo-Chili
3 Stängel Koriander
Saft von 2 saftigen großen Limetten
½ TL Meersalz
Eiswürfel

Zubereitung

Zwiebel schälen, vierteln, in dünne Scheiben schneiden und in einer Schüssel mit Eiswasser im Kühlschrank ziehen lassen, mindestens 30 Minuten, am besten jedoch die ganze Nacht. Wenn das Wasser zwischendurch gewechselt wird, wird der Zwiebelgeschmack entfernt und lediglich eine frische Schärfe bleibt erhalten.
Chili entkernen, Trennhaut entfernen und in feine Streifen schneiden. Die Zwiebelscheiben abseihen und abtropfen lassen. Korianderstängel kalt abbrausen, trockenschütteln und hacken. Alles in einer Schüssel vermengen. Mit Salz und Limettensaft abschmecken.

Ein letzter kulinarischer Input erfolgte durch die Immigration zahlreicher Japaner, die wiederum autochthone und heimische Nahrungsmittel miteinander vermischten. Schon Ende des 19. Jahrhunderts siedelten sie sich in Peru an und arbeiteten zunächst in der Landwirtschaft, bevor sie in den 1920er und 1930er Jahren kleine Restaurants eröffneten. In den 1960er Jahren investierten japanische Unternehmer große Summen in Peru, und so wurden aus manchen kleinen Restaurants – vor allem in Lima – die elitärsten Speiselokale. Sie heißen *nikkei* und servieren kreolisch-japanische Gerichte, *fusion* im besten Wortsinn.

Tiradito Nikkei

Peruanisches Sashimi

400 g frisches Fischfilet ohne Haut in Sushi-Qualität (Wolfsbarsch, Seezunge, Kingfish …)
2 EL Ají-Amarillo-Paste oder 2 Chilischoten (zum Beispiel Limo-Chili)
1 Knoblauchzehe
2 TL frischer Ingwer, geschält und gerieben
120 ml Limettensaft (etwa 8 saftige Limetten)

2 EL gehackte Korianderstiele; die Blätter für später aufheben
1 EL Sesamöl
feines Meersalz
Eiswürfel

Außerdem

1 Limo-Chili, entkernt und in dünne Scheiben geschnitten
3 Radieschen, in Julienne geschnitten
1 kleine rote Zwiebel, in dünne Scheiben geschnitten und mindestens 10 Minuten in eiskaltes Wasser gelegt
Korianderblätter

Zubereitung

Die Fischfilets gegebenenfalls entgräten, waschen, trockentupfen und diagonal gegen die Fasern (wie Sashimi) in dünne breite Streifen schneiden. Was vom Fisch übrig bleibt (etwa die Spitzen), für die Tiradito-Marinade aufheben. Fisch kalt stellen.
Für die Marinade die fertige Amarillo-Paste verwenden oder den Limo-Chili entkernen und klein schneiden. Knoblauch ebenfalls klein schneiden. Alles mit Ingwer, Limettensaft, Korianderstielen, Sesamöl, Fischresten und 2 Eiswürfeln in einem Mixer zu einer cremigen Konsistenz pürieren. Abschmecken und gegebenenfalls Salz und mehr Limettensaft oder Chili hinzugeben.
Auf vier Teller etwas von der Tiradito-Marinade gießen, die Fischscheiben darauf anrichten, salzen und mit dem Rest der Marinade begießen. Nach Belieben mit Limo-Chili-Scheiben, Radieschen-Julienne, roten Zwiebelscheiben und ganzen frischen Korianderblättern dekorieren. Sofort servieren.

Tipp

Der Fisch kann mit gegartem Tintenfisch, gegarten Garnelen oder rohem Lachs ergänzt oder ersetzt werden.

Ein aufwändiges Festessen ist die Pachamanca: Verschiedene Fleischsorten, Kartoffeln und Gemüse, eingewickelt in Bananenblätter, werden auf heißen Steinen in einem

Erdloch zubereitet und stundenlang gegart. Es wird in ländlichen Regionen vom ganzen Dorf zubereitet.

Das peruanische Nationalgericht ist Ceviche: roher, in Limettensaft marinierter Fisch mit Zwiebeln, Chili und Koriander. Eine Vorform gab es angeblich schon bei den Inka. Francisco de Xerez hatte berichtet, dass die Indios ihr Essen kochten und brieten, Fleisch und Fisch würden aber auch mazeriert (mariniert) und roh gegessen. Wie dem auch sei: Längst wird diese Delikatesse weltweit geschätzt. Seit 2008 feiert man am 28. Juni den >Nationaltag des Ceviche<, der zum >Kulturellen Patrimonium der Nation< zählt.

Ceviche

Frischer, roher Fisch mariniert in Chili-Koriander-Limetten-Sud

Fisch

300 g sehr frisches, festes weißes Fischfilet ohne Haut oder Gräten (Wolfsbarsch, Seebarsch, Seezunge, Seehecht, Dorade, Adlerfisch)

Leche de tigre

1 rote Zwiebel
2 Chilischoten ohne Kerne (zum Beispiel Ají-Amarillo)
2 Knoblauchzehen
2 Korianderwurzeln mit Stielen (ein paar Blätter zum Garnieren aufheben)
1 Stange Staudensellerie
120 ml frischer Limettensaft (etwa 6 Limetten)
½ Tasse Fischfond (wenn vorhanden)
Eiswürfel
1 TL frischer Ingwer, geschält und gerieben
1 TL feines Meersalz

Noch dazu

2 Stangen Staudensellerie
Salz und Pfeffer

Als Beilage
1 Süßkartoffel (350 g)
geröstete Mais-Cancha (alternativ für Europa: gerösteter türkischer Mais)
Korianderblätter

Zubereitung

Die Zwiebel schälen, halbieren und in dünne Streifen schneiden. Die Zwiebelstreifen in reichlich Eiswasser legen. Mindestens 1 Stunde im Kühlschrank ziehen lassen, zweimal das frische Wasser wechseln. Am besten über Nacht ziehen lassen. So bekommt die Zwiebel eine mildere Schärfe und bleibt schön knackig.
Die Süßkartoffeln schälen und mit Wasser bedeckt kochen. Abkühlen lassen und in 1 cm große Würfel oder in Scheiben schneiden.

Für die Marinade (Leche de tigre)

Knoblauch schälen, Chilischoten klein schneiden. Den Koriander mit den Wurzeln hacken. 1 Stange Sellerie in Scheiben schneiden. Alle Zutaten mit Limettensaft, Fischsud (optional), Eiswürfel, Ingwer und Salz in einen Mixer geben und pürieren. Durch ein Sieb passieren (nochmals gut ausdrücken, sodass der ganze Saft austritt) und kaltstellen.
Den restlichen Sellerie in dünne Scheiben schneiden.
Das Fischfilet gegebenenfalls nochmals auf Gräten prüfen, eventuell Blutgefäße entfernen, waschen, trockentupfen und mit einem scharfen Messer in ½–1 cm dicke Würfel schneiden. Mit der kalten Marinade (Leche de tigre), Selleriescheiben, der Hälfte der abgetropften Zwiebelstreifen und frischen Korianderblättern vermengen und idealerweise 10 Minuten gekühlt ziehen lassen. Abschmecken und nach Geschmack mit mehr Chili und Koriander nachwürzen.
Den Ceviche in Schalen mit den weichen Süßkartoffelwürfeln und dem Rest der roten Zwiebelstreifen und Korianderblätter garnieren.
Den gerösteten Mais in separaten Schälchen dazu reichen.

Tipp
Die Limetten nicht zu stark pressen, da sich sonst Bitterstoffe vom weißen Teil der Schale in den Saft lösen.

Zu dem Gericht gehört traditionell als Aperitif ein Pisco Sour. Hergestellt wird er aus Traubenmost. Die Trauben werden im Süden Perus angebaut, Zentrum ist die gleichnamige Stadt. Für die Peruaner hat der seit mehr als 400 Jahren bekannte Pisco die gleiche Bedeutung wie der Tequila für die Mexikaner oder die Cachaça für die Brasilianer.

Pisco sour

Für 2 Cocktails

80 ml Pisco (peruanischer Branntwein)
50 ml frisch gepresster Limettensaft (etwa 2–3 große saftige Limetten)
40 ml Zuckersirup
1 Eiweiß oder 40 ml Aquafaba
8 bis 10 Eiswürfel
zwei Spritzer Angostura-Bitter (oder 1 TL Zimtpulver) pro Cocktail

Zubereitung
Pisco, Limettensaft, Zuckersirup und Eiweiß zunächst ohne Eis im Shaker oder in einem Mixer eine halbe Minute durchmixen. Jetzt die Eiswürfel dazugeben und nochmal ordentlich durchschütteln.
Auf dreimal in vorgekühlte Gläser ohne Eis verteilen (erst beide Gläser bis zur Hälfte, dann den Rest der Flüssigkeit und zuletzt den Schaum einfüllen) und drei Spritzer Angostura oder Zimtpulver auf dem Schaum geben.

Tipp

Der Pisco kann auf zwei verschiedene Arten und Weisen zubereitet werden: entweder klassisch in einem Cocktailshaker oder in einem Küchenmixer.

Falls kein fertiger Zuckersirup vorhanden ist, kann dieser ganz einfach selbst hergestellt werden. Dafür die gleiche Menge Zucker und Wasser zusammen aufkochen, sodass sich der Zucker komplett auflöst. Anschließend abkühlen lassen.

Die peruanische Küche heute

Sehr unterschiedliche Einflüsse haben die aktuelle Küche Perus geprägt: Indigene Nahrungsmittel und Essgewohnheiten verschmolzen mit spanischen Importen, woraus zunächst die kreolische Küche hervorging. Bald kamen einerseits die afrikanischen Ingredienzen hinzu, andererseits schielte die koloniale reiche Oberschicht nach Frankreich, dessen Küche weithin als Orientierungspunkt galt. Nach der Unabhängigkeit 1821 trugen die immigrierten Italiener, Chinesen und Japaner dazu bei, die Küche des Landes und den Speiseplan zu diversifizieren. Zweihundert Jahre später ist um die peruanische Küche ein veritabler Hype entstanden … Und aus der ›Teufelsknolle‹ wurde ein Gourmetgericht.

Nie vergessen darf man die geographischen Besonderheiten Perus und seine Vielfalt. Das Land ist aufgeteilt in Urwald, Sierra und die wüstenähnliche Küste. Die jeweiligen Regionen bieten ihre typischen Gerichte und Süßspeisen an, die sich markant voneinander unterscheiden. Die mehr als 2000 km lange Küste gliedert sich wiederum in den Nord-, Zentral- und den Südteil. Die Sierra und die ausgedehnten Feuchtregionen sind nicht vergleichbar in ihren kulinarischen Gewohnheiten. Meeresfische schmecken nicht wie die des Amazonas oder der kleinen Flüsse in den Hochanden, überall leben andere Tiere und wachsen andere Pflanzen. An der Küste und im Urwald isst man viel Fisch, in der Sierra eher Eintöpfe. Man muss also die regionalen Küchen mitberücksichtigen, wenn man ein Gesamtbild der im Laufe der Jahrhunderte fusionierten Küchen zeichnen und die beeindruckende kulinarische Vielfalt Perus verstehen will.

Chupe de camarones arequipeño

Krabbeneintopf mit Spiegelei und frischen Kräutern

1 kg frische Garnelen (wenn möglich Flusskrebse)
1 große Zwiebel, grob gewürfelt
3 Knoblauchzehen, fein gehackt oder gerieben
2 EL neutrales Öl
1 Ají Amarillo oder 2 EL Ají-Amarillo-Paste
1 EL Tomatenkonzentrat
2 l Wasser
4 mittelgroße gelbe Kartoffeln, geschält
150 g Saubohnen, geschält
2 Maiskolben, in 2 cm breite Scheiben geschnitten.
4 EL weißer Reis
¼ TL Oregano
Meersalz
Frisch gemahlener schwarzer Pfeffer
100 ml Kondensmilch, ungesüßt

Zum Anrichten

4 große Garnelen
1 EL Olivenöl
4 Eier
4 Schalen Ají-Amarillo-Paste zum Würzen
100 g zerbröckelter Frischkäse oder Feta-Käse
frischer Koriander, Minze, Krauseminze und Huacatay (optional)

Zubereitung

Die mittelgroßen Garnelen schälen und die Schale aufbewahren. Einen Teil des geriebenen Knoblauchs für das Braten der großen Garnelen beiseite stellen. In einem Topf das Öl erhitzen und darin die Zwiebel glasig schwitzen. Die Garnelenschalen sowie geriebenen Knoblauch, Ají-Amarillo-Paste und Tomatenkonzentrat dazugeben und unter Rühren circa 5 Minuten weiterbraten lassen. Dann mit 2 Litern Wasser ablöschen und für 20 Minuten bei niedriger bis mittlerer Hitze köcheln lassen. Zum Schluss den Sud durch ein Sieb passieren.

Den heißen Sud wieder in einen Topf geben und darin zunächst die geschälten Kartoffeln bei niedriger Hitze kochen lassen. Nach 5 Minuten die Saubohnen, den Mais, den Reis, Oregano, Salz und Pfeffer dazugeben und für circa 15 Minuten weiter garen lassen. Bei Bedarf mit etwas Wasser auffüllen, sodass alle Zutaten bedeckt sind. Dann die geschälten Garnelen dazugeben und 3 weitere Minuten kochen lassen, bis alle Zutaten komplett gar sind. Zum Schluss die Kondensmilch hinzugeben und gegebenenfalls mit Salz und Pfeffer nachwürzen.

Für die Beilagen den Backofen auf 200°C vorheizen, die großen Garnelen mit Kopf und Schale längs halbieren, mit dem Olivenöl beträufeln und der restlichen Knoblauchpaste und etwas Salz würzen. Im heißen Ofen für etwa 5 bis 8 Minuten garen – je nach Größe der Garnelen –, sodass sie noch glasig bleiben. In einer Pfanne mit etwas neutralem Öl vier Spiegeleier braten. Die frischen Kräuter unter kaltem Wasser abbrausen, gut abtropfen lassen und fein schneiden.

Den Krabbeneintopf auf vier Teller verteilen, pro Teller zwei Garnelenhälften und ein Spiegelei darauf legen und den zerkrümelten Feta darüber geben. Mit den frisch geschnittenen Kräutern bestreuen.

Peruanische Chefs haben die traditionellen indigenen und kreolischen Gerichte raffiniert weiterentwickelt und überraschende, zeitgemäße Variationen geschaffen. Berühmt sind

Gastón Acurio (*1967), Bernardo Roca Rey (1944–2022) und andere Vertreter der *cocina novoandina*. Sie haben sich in einer Art Genossenschaft (Apeca) zusammengeschlossen, um Kleinbauern und Fischern bessere Arbeits- und Verkaufsmöglichkeiten zu ermöglichen. Eine Universität, San Martín de Porres in Lima, hat in den 1990er Jahren eine Fakultät für die Erkundung und Pflege der Gastronomie gegründet, 2014 wurde sie um das Instituto de Alta Cocina y Gastronomía ergänzt. Regelmäßig finden hier internationale Seminare statt und werden Studien publiziert, die sich mit der Gegenwart und dem Erbe der peruanischen Küche beschäftigen.

50 Best Restaurants kürte Pía León (*1986) 2021 zur ›World's Best Female Chef‹. Gemeinsam mit ihrem Partner Virgilio Martínez führt sie das Restaurant *Central* in Lima, sie selbst hat vor einigen Jahren *Kjolle* gegründet, in dem sie ausschließlich Gerichte aus jeweils drei bis fünf peruanischen Zutaten zubereitet. Gemeinsam arbeiten sie mit Mater Iniciativa zusammen, einer Forschungseinrichtung, die sich auf die vielseitige Verwendung peruanischer Produkte konzentriert und die *cocina novoandina* im ganzen Land fördert – in Lima, Cuzco und am Amazonas. Peru möchte mit seiner Küche wie Mexiko in die Liste des kulinarischen Weltkulturerbes Lateinamerikas aufgenommen werden: Das sollte gelingen, denn Statistiken belegen inzwischen, dass die Mehrzahl der Touristen Peru nicht nur wegen Machu Picchu, sondern auch wegen der Gastronomie besucht.

Brasilien

»Das Land ist sehr fruchtbar, besitzt zahlreiche Hügel, Berge, Täler und große Flüsse und wird von vielen erfrischenden Quellen bewässert. Es ist bedeckt mit weiten, dichten Wäldern, die fast undurchdringlich und voll von Arten wilder Tiere sind. Große Bäume wachsen, ohne dass man sich um sie kümmern muss. Sie tragen viele wohlschmeckende und für den menschlichen Körper nahrhafte Früchte.«

Amerigo Vespucci

Noch ein Garten Eden: Pedro Álvares Cabral landet in Brasilien

Pedro Álvares Cabral (1467–1520) landete am 22. April 1500 in dem Land, das wir Brasilien nennen. Die Portugiesen betraten in Porto Seguro im Bundesstaat Bahía das Festland und die ersten Eindrücke, die der Chronist Pero Vaz de Caminha (1450–1500) in einem langen Brief an König Dom Manuel (1469–1521) festhielt, erinnern sehr an die Schilderungen von Kolumbus: Die Natur begeisterte ihn und ließ ihn an den Garten Eden denken. Die ›Eingeborenen‹ seien überaus freundlich und neugierig. Er würdigte ihr Aussehen: Sie gingen nackt, seien aber sauber und wohlgepflegt. Zwar seien sie unwissend, hätten aber einen friedlichen Charakter: »Dieses Volk ist gut und von einer schönen Einfalt« und sei daher sicher leicht zu christianisieren.

Vermutlich trafen die Portugiesen auf die Ethnie der Tupinambá. »Sie pflanzen nichts an und ziehen auch kein Vieh auf. Es gibt hier weder Rinder noch Ziegen noch Schafe noch Hühner oder irgendein an das Zusammenleben mit dem Menschen gewöhntes Tier. Sie leben nur von jenen *Inhameknollen*, von denen es hier viele gibt, und von den Samen und den Früchten, die Erde und Bäume von selbst spenden. Und dabei sind sie viel stärker und wohlgenährter als wir trotz Weizen und Gemüse.« Dieses *Inhame* war die Yamswurzel. Maniok, auch bekannt als Yuca oder Cassava, ist ein anderes weit verbreitetes Knollengewächs.

Sieben Tage lang versuchten sich die Portugiesen bei ihrem ersten Aufenthalt den Indigenen anzunähern, Kapitän Cabral lud sie sogar zum Essen auf die Schiffe, wo sie auf Stühlen vor einem gedeckten Tisch saßen. Sie waren wissbegieriger als die Portugiesen, denn sie probierten nach anfänglichem Zögern die unbekannten Speisen Brot, Huhn,

Schinken, Eier, Feigen und sogar Wein, während die Eroberer kaum Neugier zeigten, die exotischen Früchte, die verschiedenen Wurzelgemüse oder das Maniokmehl zu kosten.

Ein portugiesischer Lotse hielt seine Version fest: »Das Land ist sehr reich an vielerlei Bäumen und an Wasser, an Hirse und Yamswurzeln und Baumwolle. … Und die Menschen besitzen Netze und sind tüchtige Fischer, und sie fangen verschiedene Arten … unter jenen sahen wir einen Fisch, der so groß wie ein Fass gewesen sein muss, wenn nicht noch größer, und rund. Er hatte den Kopf eines Schweines und kleine Augen, aber er hatte keine Zähne und besaß lange Ohren … sein Fleisch war weiß und fett wie das eines Schweines.« Vermutlich beschrieb er das Lamantin, eine Seekuh.

Zu ihrem Entsetzen begegneten die ersten Eroberer bald den gefürchteten ›Menschenfressern‹ und berichteten darüber mit Abscheu und Angst. 1501 gelangte Amerigo Vespucci nach Brasilien, und sogleich schwankte er zwischen der Faszination für diese Wilden, »die naturverbunden, ohne Gesetze und Religion leben«, und dem Grauen über eine Szene, in der einer seiner Männer den wunderschönen indigenen Frauen nachgestellt hatte und daraufhin zum Opfer des Kannibalismus wurde. Er konstatierte enttäuscht: »Ganze Wälder von Brasilholz und Schilfrohr« – aber sonst nichts. Also nichts von all dem, was die Eroberer sich erhofft hatten. Ein Papageienland.

Diese Eroberung verlief völlig anders als die von Mexiko oder Peru. Es gab keine Tempel oder Paläste, keine Städte, weder Gold noch die begehrten Gewürze, die Portugiesen stießen lediglich auf »Indianerhäuptlinge und Wilde. Halbnackte Menschen, die in Hängematten oder auf dem Boden schliefen und sich von Maniokmehl, Urwaldfrüchten, Wild oder Fischen ernährten«, wie der Essayist Gilberto Freyre (1900–1987) in seinem Essay *Herrenhaus und Sklavenhütte* (1933) festhielt. Aus heutiger Sicht ist dieser Klassiker ein Musterbeispiel für die damals gängige koloniale Mentalität.

Das Bild von den friedfertigen Eingeborenen wurde durch die Berichte von Hans Staden (1525–1576) vernichtet, der Mitte des 16. Jahrhunderts zweimal nach Brasilien reiste und auf der Insel São Vicente in Gefangenschaft der Tupinambá geriet. Seine geplante rituelle ›Verspeisung‹ wurde zu seinem Glück immer wieder verschoben, da er nicht aussah wie ein Portugiese, damals schon die Hassfiguren der Indigenen. Neun Monate lebte er mit ihnen zusammen, bis ein französisches Schiff anlief und er befreit werden konnte. Seine *Wahrhaftige Historia und Beschreibung einer Landschaft der wilden nackten, grimmigen Menschenfresser in der Neuen Welt Amerika gelegen* erschien 1557 und erregte großes Aufsehen. Der Kupferstecher Theodoro de Bry (1528–1598) ließ sich durch diese Schilderungen inspirieren und fertigte Zeichnungen an, die in ganz Europa zirkulierten und die Betrachter das Gruseln lehrte.

Die Verfasser der *Kleinen historischen, pittoresken und sentimentalen Einleitung zur schmackhaften brasilianischen Küche* erläutern ein Rezept zum ›Churrasco des Weißen‹: wie man den Rost baute, wie auf langsamem Feuer der zerstückelte Körper gegrillt wurde, wie das Herz besonders begehrt und dem Anführer vorbehalten blieb. Die Ehre, zeremoniell verspeist und nicht einfach umgebracht zu werden, erwies man nur den tapferen Männern, nicht den Feiglingen, denn man wollte ihre Kraft in sich aufnehmen. Der erste Bischof des Landes, Dom Pero Fernandes Sardinha, also ›Sardine‹, wurde nach einem Schiffbruch gefangen und 1556 mit Salz und viel rotem Pfeffer gegessen – ob Legende oder Wahrheit, lässt sich nicht feststellen. In jedem Fall folgte ein ›Heiliger Krieg‹ gegen die Indigenen, eher ein Gemetzel, um die angeblichen Mörder zu bestrafen. Mehr als dieses Ereignis lebt im Gedächtnis der Brasilianer das berühmte *Anthropophagische Manifest* des modernistischen Autors Oswald de Andrade (1890–1954) weiter. Es stammt aus dem Jahre 1922, als die »Woche der modernen Kunst« in São Paulo stattfand, die das Kulturleben entscheidend verändert hat. Er datierte seinen Text mit: »Im Jahr 374 nach der Verspeisung des Bischofs Sardinha«. Die Philosophie dieser Gruppe, zu denen Künstler wie die Malerin Tarsila de Amaral, der Musiker Heitor Villa-Lobos, Dichter und Romanciers wie Mário de Andrade und viele andere zählten, lautete, dass Brasilien sich alles einverleibe, alles Europäische, Afrikanische, Universelle, um daraus Neues – nämlich Mestizisches – zu schaffen: »Nur die Anthropophagie vereint uns: sozial, ökonomisch, philosophisch«, heißt es im Manifest. Mit dieser Provokation begann die Moderne in Brasilien.

Immer wieder werden Geschichten von Kannibalismus erzählt, denn er war der große Schrecken jener frühen Jahre. Wie viel davon stimmt, wie oft es sich um Rituale zu festlichen Anlässen gehandelt haben mag – all dies ist heute nicht mehr verifizierbar. Der Beitrag dieser Indigenen zur brasilianischen Küche wird hingegen oft vergessen und unterschätzt. Er ist unverändert deutlich im Amazonas zu erkennen. Von dort stammen viele Ingredienzen und Techniken der aktuellen nationalen Gastronomie. Maniok, ein Wort aus der Tupí-Sprache, war das wichtigste Nahrungsmittel der Indigenen, und es existieren davon mehr als 200 Sorten. Die Pflanzen wachsen im Norden wie im Süden des riesigen Landes, also unter unterschiedlichsten klimatischen Bedingungen. Es gibt Maniokmehl, Maniokbrei, Maniokgetränke und die Verwendungen der sehr nahrhaften Blätter des kleinen Maniokbaums sind schier unbegrenzt in ihrer Vielfalt.

Bobó de camarão

Garnelen-Maniok-Spezialität

1 kg geschälte mittelgroße Garnelen
1 rote Chilischote
¼ Bund Koriander, am besten mit Wurzel

2 Knoblauchzehen
1 EL Salz
1 EL Limettensaft
400 g Maniokwurzel (oder 300 g TK ungeschält, zum Beispiel aus dem Asialaden)
300 ml Kokosmilch
200 g Dosentomaten mit Saft
200 g Zwiebel, fein gehackt
7 EL neutrales Öl
Meersalz, Pfeffer und Chili
1 gehäufter EL festes Palmöl (oder 2 EL flüssiges)

Zubereitung

Die Garnelen waschen und trockentupfen.
Vom Koriander die Blätter abzüpfen und diese kalt aufbewahren, Chili, Knoblauch sowie 1 EL Salz in einem Mörser zu einer groben Paste zerstoßen und den Limettensaft dazugeben. Die Paste mit den Garnelen vermengen und mindestens 10 Minuten ziehen lassen. Danach die Garnelen aus der Marinade nehmen und beiseite stellen.
Den Maniok schälen und in 5 cm große Stücke schneiden. Diese wie Kartoffeln in einem Topf mit reichlich Wasser weichkochen. Ist der Maniok gar, aus dem Wasser nehmen, längs halbieren und dabei die harte Faser in der Mitte entfernen. Mit Kokosmilch, Tomaten und der beiseite gestellten Garnelen-Marinade im Mixer zu einer cremigen Konsistenz pürieren. Bei Bedarf noch etwas Wasser zugeben.
In einem Topf das Öl erhitzen und die Zwiebeln darin glasig anschwitzen. Die Garnelen bei hoher Flamme zufügen und kurz anbraten. Dann die sämige Maniok-Kokos- Mischung zugießen und circa 5 Minuten bei niedriger Hitze köcheln. Mit Salz, Pfeffer und Chili und nach Belieben mit Palmöl abschmecken.
Korianderblätter vor dem Servieren über den Bobó streuen.

Dazu passt Reis, Chilisauce (siehe Seite 131).

Variante

Ebenfalls beliebt ist der Bobó de Frango, Hähnchen-Bobó. Einfach in diesem Rezept Garnelen durch gewürfeltes Hähnchenbrustfilet ersetzen.

Tipp

Am besten schmeckt der Bobó, wenn aus den Garnelenschalen ein Sud gekocht und passiert wird. In dem Fall so wie bei der peruanischen Chupe de camarones arequipeño (siehe Seite 101) vorgehen.

Da die portugiesischen Eroberer (zunächst) keine Edelmetalle oder Zeugnisse vergangener Hochkulturen fanden, wurde Brasilien bald zu einem Mekka der europäischen Naturforscher. Schon Hans Staden studierte während seiner beiden Reisen intensiv die ihm unbekannte Flora und Fauna, erzählte von der Brandrodung für den Anbau von Maniok, Yucca und Süßkartoffeln und entdeckte die Baumwolle an den Kapok-Bäumen. Vor allem beschrieb er ausführlich die vielen oft gefährlichen Tiere, von denen siebzehn später identifiziert wurden, unter anderem das Opossum und das Gürteltier: »Eine Art von Tieren heißt Tatú … es ist am ganzen Körper gepanzert, nur nicht am Bauch. … es hat ein langes und spitzes Maul und einen langen Schwanz und hält sich gern an Felsen auf. Seine Nahrung sind Ameisen. Es hat fettes Fleisch, ich habe oft davon gegessen.«

Kein Gericht Brasiliens verzichtete damals (wie heute) auf den Pfeffer: »An Pfeffer gibt es zwei Arten in jenem Lande. Der eine ist gelb, der andere rot. Beide Arten wachsen aber in derselben Weise. Wenn er grün ist, hat er die Größe von Hagebutten. … Die Pfefferpflanze ist ein kleiner Strauch, ungefähr eine halbe Klafter hoch. Sie hat kleine Blätter und hängt voll von Pfeffer. Der Pfeffer schmeckt scharf. Die Wilden pflücken ihn ab, wenn er reif ist, und trocknen ihn an der Sonne.«

Das Geschick, mit dem die Eingeborenen Fische fingen, wie sie ihre Netze anfertigten und benutzten, wie sie ihren Fang trockneten und daraus Mehl herstellten, beeindruckte Hans Staden. Besonders erstaunten ihn die verschiedenen Formen der Zubereitung des Maniok, der in seinen Augen als Brotersatz diente und für die Indigenen die Grundlage ihrer Ernährung war. Salz konnte nur aus dem Meer gewonnen werden, und deshalb wurde nach reicher Beute das Fleisch gedörrt und so aufbewahrt. Ausführlich erläuterte Staden die Arbeit der Frauen, die aus dem Maniok schmackhafte Getränke zubereiteten.

Etwa zur gleichen Zeit hielt sich der Hugenotte Jean de Léry (1536–1613) in Brasilien auf und publizierte sein *Brasilianisches Reisetagebuch 1556–1558*. Es erschien zwar erst 1578, hatte jedoch großen Einfluss und inspirierte etwa Montaigne für seinen Essay *Über die Menschenfresser*, den er um 1585 verfasste. Er hatte einige Jahre einen »einfachen ungeschliffenen« Mann beherbergt, der zehn oder zwölf Jahre in Brasilien gelebt hatte. Durch seine Schilderungen verfügte Montaigne über viele Informationen, hörte von »wilden«, wohlschmeckenden Früchten und kostete auch voller Neugier das Tapiokamehl: »Statt Brot essen sie eine bestimmte weiße Masse, die eingemachtem Koriander gleicht. Ich habe sie probiert: Der Geschmack ist zuckrig und ein wenig fad.« De Léry verbrachte mehrere Monate mit den Tupinambá. Vor allem interessierte ihn die Natur, und seine Beschreibungen der Tiere und Pflanzen sind überaus präzise. Gewissenhaft dokumentierte er die Verwendung medizinischer Kräuter und bewunderte das verblüffende Wissen der Indigenen darüber, wie sie unterschiedliche Krankheiten mit einfachen Mitteln heilen konnten.

Auch Léry betonte die Bedeutung des Maniok, »die großen Wurzeln und die große Hirse, aus denen die Wilden das Mehl herstellen, das sie anstelle von Brot essen und über das von ihnen ›Kaoȋn‹ genannte Getränk«. Überrascht hatten ihn einige Essgewohnheiten: »Ungemein merkwürdig und beachtenswert bei unseren Taubinambáults ist noch folgendes: Während ihrer Trinkgelage essen sie nicht, wie sie bei ihren Mahlzeiten auch nicht trinken.« Allen europäischen Eroberern und Forschern fiel auf, dass die Indigenen Lateinamerikas beim Essen niemals Wasser tranken. Bislang kennt man keine schlüssige Erklärung.

Einige Weisheiten erstaunten Léry ungemein. »Diese Nation, die wir für so barbarisch halten, macht sich über die lustig, die unter Lebensgefahr das Meer überqueren, um Brasilholz zu holen und sich dadurch zu bereichern. So blind dieses Volk sein mag, so verlässt es sich mehr auf die Natur und deren Furchtbarkeit als wir auf die Macht und die Vorsehung des Allmächtigen.«

Im riesigen Land finden sich unzählige farbige Edelhölzer: Einige sind zudem wohlduftend, andere stinken, viele tragen Früchte, aber nicht alle sind essbar. »Was die Pflanzen und Kräuter betrifft, die ich ebenfalls erwähnen möchte, werde ich mit denen beginnen, die mir wegen ihrer Früchte oder ihres Äußeren besonders erwähnenswert erscheinen. Da wäre zunächst die Pflanze, die die von den Wilden als ›Ananas‹ bezeichnete Frucht hervorbringt.« Er beschrieb desgleichen ein ›Heilkraut‹, *petun* genannt, das die Indigenen hoch schätzten. »Nachdem sie die Blätter eingesammelt und in kleinen Büscheln in ihren Häusern haben trocknen lassen, nehmen sie vier oder fünf davon, die sie in ein großes Baumblatt nach Art einer Gewürztüte einwickeln. Dann zünden sie das dünnere Ende an und stecken es so, ein wenig glimmend, in den Mund. Sie ziehen den Rauch ein, der allerdings durch die Nase und die durchbohrten Lippen wieder entweicht. Dies ernährt sie aber derart, dass sie … drei oder vier Tage ohne Ernährung aushalten können.« Jahrhunderte später bezeichnete Claude Lévi-Strauss dieses Tagebuch als »Brevier des Ethnographen«.

Der Franziskaner André Thevet (1516–1590) erreichte Brasilien ebenfalls in dieser Zeit. 1557 publizierte er sein

Werk *Les singularitez de la France antarctique* (Die Besonderheiten der französischen Antarktis). Voller Bewunderung beschrieb er die vielen buntgefiederten Vögel, deren Federn zu Schmuck verarbeitet wurden. Zu den Essgewohnheiten bemerkte er, dass die Indigenen Kaimane, Kröten und Eidechsen brieten sowie viele andere Tiere. Auch ihn erstaunte es, dass sie schweigend aßen, Salz ablehnten: »sie essen ruhig, schlingen nicht wie die Europäer, darüber machen sie sich lustig, essen ohne zu trinken, trinken ansonsten aber viel und gerne, einen ganzen Tag lang«. Detailliert erklärte er den großartigen Cajúbaum (Cashewbaum) und lobte die Vielfalt der Bananenstauden. André Thevet war der Erste, der die Eigenschaften von Ananas, Maniok, Erdnuss oder Tabak genauer erläuterte und versuchte, die Eigenarten des Faultiers, des Tapirs und des großen Ara daheim verständlich zu machen. Desgleichen schilderte er ausführlich ein kannibalisches Ritual – der Schrecken des Verfassers ist spürbar.

Der Romancier João Ubaldo Ribeiro (1941–2014) liefert in seinem großartigen Roman *Brasilien, Brasilien* ein grimmig humorvolles und zugleich ironisches Panorama der Geschichte vom 17. bis zum 20. Jahrhundert seiner Heimat. Wie kaum ein anderer Autor hat er sich mit den Essgewohnheiten und der Zubereitung der Speisen beschäftigt und erzählt mit einem Augenzwinkern von einem »kannibalischen« Festmahl aus dem Jahr 1647: »Nun packte der Caboclo Capiroba einen Knüppel, den er seit seiner Flucht geschnitzt und geglättet hatte, näherte sich dem Pater von hinten und schlug ihm den Kopf mit einem sicheren Treffer platt, worauf er sogleich ein Stückchen Fleisch erster Qualität zum Braten in der Holzglut abschnitt. Den Rest dörrte er in schönen, rosafarbenen Scheiben, die er auf einer Stange in die Sonne hängte. Aus den Innereien bereiteten sie Paterklein, Hirnsuppe, gutgepfeffertes Bratbries, Kaldaunen mit Kürbisgemüse, Herzspießchen mit Maniokbrei, Milz in Dendê-Öl; die üppigen Haxen brieten sie mit allen starken Teilen des Bauchfells und aufgeschnittenem Hartriegel, machten Hodenklein auf Holzglut, in Kokosmilch und Papayafrucht eingelegte Nierchen, Leberhäppchen mit Rückenspeck, gutgesalzenes Backenfleisch und Ohren, Kutteln, gut abgelagert, damit sie kräftiger schmecken, und etwas Speckwurst unter Benutzung der in Zitrone gewaschenen Därme, nach dem Rezept, das jener selbe Pater den Frauen der Mission beigebracht hatte, damit sie dergleichen für ihn zubereiteten.« Geistliche waren offensichtlich eine exquisite, beliebte Nahrung.

Frango com quiabo e angu

Maishähnchen mit Okraschoten

Dieses Gericht stammt aus den Gebirgsregionen von Minas Gerais. Das Huhn wird (für den europäischen Gaumen) sehr stark gesalzen und der Angu – Polenta – nur mit Maismehl und Wasser zubereitet, in Scheiben geschnitten und mit der sehr intensiven Sauce gereicht. Diese Praxis geht zurück auf das Ende des 19. Jahrhunderts, als Salz sehr teuer war.
In unserem Rezept wird mit der Tradition gebrochen und der Angu mit Butter und Thymian gewürzt.

Tipp

Bitten Sie den Geflügelhändler, das Maishähnchen fachgerecht in Stücke zu zerlegen.

1 Maishähnchen, ausgenommen circa 1 ½ kg, zerlegt

Für die Marinade

2 große Knoblauchzehen, gehackt oder gerieben oder 1 EL Knoblauch im Mörser mit etwas Salz zerrieben
2 TL Kreuzkümmelpulver
½ TL Cayennepfeffer
5 EL Weißweinessig
2 EL Tomatenmark
1 ½ TL Salz

schwarzer Pfeffer aus der Mühle
1 Prise Zucker
Urucum-Öl oder -Pulver, optional (nur für eine rötliche Farbe)

Außerdem

8 EL Olivenöl
400 g Okraschoten
2 Zwiebeln, fein gewürfelt (250 g)

Noch dazu

3 Frühlingszwiebeln
2 Tomaten, entkernt und klein gewürfelt (Saft dabei auffangen und zum Hähnchen geben)
1 kleiner Petersilienbund, gehackt

Für die Polenta (Angu)

125 g Polenta, grob
½ l Gemüsebrühe oder Wasser
2 EL Butter (optional)
sehr wenig Salz
Thymian

Zubereitung des Maishähnchens

Für die Marinade den Knoblauch mit Kreuzkümmel, Cayennepfeffer, Essig und Tomatenmark gut verrühren.
Mit Salz, Pfeffer und Zucker abschmecken.
Hähnchenstücke in die Marinade legen und mindestens 2 Stunden ziehen lassen.
Die Okraschoten putzen und in je drei Stücke teilen. Im mäßig heißen Olivenöl anbraten (dabei verschwindet das Schleimige) und auf Küchenpapier abtropfen lassen.
Zwiebeln im restlichen Öl anbraten und das Huhn samt der Marinade zugeben und dünsten. Dabei etwas Wasser hinzufügen, damit das Huhn knapp bedeckt ist. Über kleiner Flamme 20 Minuten köcheln, bis sich das Fleisch vom Knochen löst.
Die Frühlingszwiebeln in dünne Scheiben schneiden und mit den Tomaten und gebratenen Okraschoten zum Hühnchen geben, kurz erwärmen und zum Angu servieren.

Zubereitung der Polenta

Gemüsebrühe oder Wasser zum Kochen bringen. Wenn es kocht, die Polenta langsam hineinrieseln lassen, dabei ständig rühren, damit keine Klümpchen entstehen. Butter unterrühren und nach Geschmack salzen und mit Thymian würzen.

Dazu passt

Gewürzter Reis (siehe Seite 130) (halbe Menge), Couve (siehe Seite 130), Chili-Sauce (siehe Seite 130).

Die Chronik des Jesuiten Fernão Cardim (1549–1625), *Tratados da terra e gente do Brasil* (Abhandlung über Land und Leute in Brasilien), liefert großartige Naturbeschreibungen, ist überaus wohlwollend und oft poetisch verfasst. Für ihn waren die ›Wilden‹ lediglich Nachfahren der Ritter aus europäischen Sagen, ihr Kannibalismus eine seltene rituelle Handlung. Er liebte das Land und die Menschen und schwärmte vom guten Leben, für ihn war Brasilien die ewige Heimat der Nymphen. Ihm verdanken wir ein verklärtes Bild jener Jahre.

Der portugiesische Schriftsteller, Naturforscher, Ethnologe und Kolonist Gabriel Soares de Sousa (1540–1592) behauptete seinerseits voller Stolz, man könne auf die Ärzte in Bahía verzichten, »weil jeder in seinem eigenen Haus einen Arzt habe«. Ihm verdanken wir umfassende Informationen über viele wissenschaftliche Fachgebiete wie Geographie, Botanik, Mineralogie, Ethnologie oder Linguistik, die er 1587 in seinem *Tratado descritivo do Brasil* (Beschreibende Abhandlung über Brasilien) veröffentlichte. Er zeigte die Besonderheiten von Maracuja, Cashew-Kernen, Ananas und Bananen auf und erklärte die uns unbekannten Açai, Graviola, Mamão, Jacas und andere Früchte sowie Okra, dann die Vielfalt der damals in Brasilien bekannten Pfeffersorten, Kräuter und Palmen, vergaß auch nicht den Ombú und die Baumwolle. Wie immer waren alle Erklärungen sehr ausführlich, um den Menschen in der Heimat das Fremde näher zu bringen.

Gilberto Freyre korrigiert beide: »Durch die Lektüre von Cardim und Soares haben wir uns daran gewöhnt, uns die Plantagenbesitzer der Kolonialzeit als Schlemmer inmitten einer Vielfalt reicher Früchte, frischer Gemüse und vorzüglicher Rinderbraten vorzustellen … in Wirklichkeit waren selbst die Gutsherren von Pernambuco und Bahía ungenügend ernährt: Hin und wieder gab es schlechtes Rindfleisch, dazu wenig und wurmstichiges Obst und nur selten Gemüse.« Manche leisteten sich den verrückten Luxus, »Nahrungsmittel von Portugal oder den Inseln kommen zu lassen; das führte dazu, dass sie manches verzehrten, was nicht immer frisch war«.

Der Unterschied zwischen der Ernährung der Portugiesen und jener der Indigenen sowie Schwarzen lag in der Befriedigung ihrer unterschiedlichen Essbedürfnisse: Erstere strebten nach der aus der Heimat bekannten Nahrung, sehnten sich also nach viel Fleisch – schließlich waren sie ja wohlhabend –, Letztere gaben sich mit Maniok, Früchten, Nüssen und lokalem Gemüse zufrieden. Mehr stand ihnen auch nicht zu.

Sopinha de feijão com cachaça

Cachaça-Bohnen-Süppchen

Vorspeise, die man bei einer Churrascaria für das Überbrücken der Wartezeit bekommt

½ kleine Zwiebel, gewürfelt
1 EL neutrales Öl
30 g Speckwürfel
1 TL Knoblauchsalz (oder Knoblauch, der mit der doppelten Menge Meersalz im Mörser zerstampft wird)
2 EL Cachaça

160 g gekochte schwarze Bohnen (160 g) (oder Feijoada, siehe Seite 130)
300 ml Brühe
1 Lorbeerblatt
eine Prise gemahlener Kreuzkümmel
Meersalz und Pfeffer
½ Bund Kräuter nach Wahl, zum Beispiel Koriander, Rosmarin, Thymian oder Oregano, gehackt

Zum Anrichten
½ Bund Schnittlauch
kleine Gläser oder Espressotassen zum Servieren
saure Sahne oder Crème fraîche zum Garnieren
100 g knusprige Baconscheiben

Zubereitung
Den Ofen auf 200°C vorheizen.
Das Öl in einem Topf erhitzen und den Speck 1 Minute darin anbraten. Zwiebel und Knoblauchsalz dazugeben, anbraten und mit Cachaça ablöschen. Die gekochten Bohnen unterrühren und mit Brühe, Lorbeerblatt, dem Kreuzkümmel, Salz, Pfeffer und den Kräutern bei niedriger Hitze 10 Minuten köcheln lassen. Das Lorbeerblatt herausnehmen und die Masse im Mixer zu einer cremigen Suppe pürieren.

Der unermessliche Reichtum der Natur

Die Naturforscher und Reisenden aus vielen Nationen, die vom 16. bis 19. Jahrhundert das Land mit seinen 120 000 Pflanzenarten erkundeten, waren begeistert von dieser Vielfalt. Sie entdeckten eine Fülle von Heilkräutern, dazu das wichtige Chinin, Kautschuk, das Curare-Gift, fanden den Kopavibalsam oder die Ipeka-Brechwurzel und studierten sogar die mögliche medizinische Verwendung der verbreiteten und beliebten Cashew. Die Apotheker in Europa waren fasziniert und experimentierten mit den unbekannten Pflanzen, um neue therapeutische Arzneimittel zu entwickeln. Pharma- und Kosmetikindustrie nutzen noch heute diese Schätze und das indigene Wissen.

Unter den früher Forschern nimmt Charles-Marie de La Condamine (1701–1774) eine wichtige Stellung ein, denn er bereiste den Amazonas in voller Länge von 1743 bis 1744. Seine Erkenntnisse nach intensivem Studium von Flora und Fauna sind unverändert wichtig, und mit ihm begann eine neue Periode in der Geschichte der Entdeckungen beziehungsweise Kolonialisierung: Diese Fremden kamen nicht mehr als Eroberer, Missionare oder Abenteurer, sondern als Wissenschaftler – und der geheimnisvolle und gefährliche Amazonasurwald schien sie besonders zu faszinieren. Auch Alexander von Humboldt, der fünf Jahre Südamerika durchquerte, erkundete die Region und reiste von Venezuela aus zum Orinoco. In Lateinamerika wird er voller Hochachtung als »zweiter Kolumbus« bezeichnet, er kam, um zu bewahren, nicht um zu zerstören. Alle diese Forschungen erschlossen neue Welten.

Condamine beschrieb wie alle Naturreisenden die ihm unbekannten Bäume, ihre Früchte, ihre Verwendung, Tiere wie das *coatí*, die Affen (die gerne gegessen wurden), den Zitteraal und fertigte deshalb Zeichnungen an von den fremden Tieren und Pflanzen. Sein Buch *Voyage sur l'Amazone* (Reise auf dem Amazonas) erschien 1745 und war ein Ereignis.

Dank Maximilian Prinz zu Wied-Neuwied (1782–1867), der von 1815 bis 1817 Brasilien bereiste und etwa achtzig Arten von Amphibien und Reptilien, 460 Vögel, 82 Säugetiere, desgleichen eine immense Fülle von Pflanzen jeder Art klassifizierte, wissen wir einiges über die Ernährung der Brasilianer. Sie bestand aus Maniokmehl (*farinha*), schwarzen Bohnen (*feijão*), Mais (*milho*) und getrocknetem Fleisch (*carne seca*). Oft gab es dazu den »wohlbekannten *caüy*, der aus Mandiokwurzel, Mais oder Bataten bereitet wird«. Gegärt ist es ein etwas »berauschendes, säuerliches und nahrhaftes Getränk, das im Geschmack der Molke sehr nahe kommt. Gewöhnlich wird dieser Lieblingstrunk warm genossen.« Desgleichen beschrieb Maximilian den Dendeseiro, »einen schönen hohen Palmbaum, Coco Dendê genannt, den man häufig benutzt, um daraus ein Öl zu ziehen, das eine orangegelbe Farbe hat und auch an Speisen gebraucht wird.«

Die Fülle neuer Erkenntnisse schien unerschöpflich. So publizierte der französische Botaniker Augustin de Saint-Hilaire (1779–1853), der sechs Jahre in Brasilien verbrachte, unzählige unbekannte Pflanzen, Vögel, Insekten und Säugetiere. Brasilien war hinsichtlich Flora und Fauna eine große Verlockung für weitere Expeditionen. Die Erkenntnisse der frühen Naturforscher erlangten unschätzbaren Wert für die weltweite Pharma- und Kosmetikindustrie. Die Natur ist inzwischen ›nationales Patrimonium‹ geworden, und eine Kommission über phytogenetische Materien der Welternährungsorganisation (FAO) sorgt sich um den Schutz der Rechte der Bauern und Indigenen: Sie sollen teilhaben an der Nutzung der Wildpflanzen. Wer die Gene der ursprünglichen Pflanzen ausbeutet, soll um Erlaubnis bitten und einen Teil der dabei erzielten Einkünfte abgeben. Ein lobenswertes Ziel, dennoch bleibt die Tatsache, dass die so entstandenen Schulden in Milliardenhöhe niemals genau abgeschätzt und bis heute nicht einmal ein Minimum davon beglichen wurden.

Die Maler-Forscher

Die vielen Forscher lockten auch die Maler ins Land, die ihrerseits auf Entdeckungsreisen gingen: Albert Eckhout (1607–1665), Frans Post (1612–1680), Johann Moritz Rugendas (1802–1858), Jean-Baptiste Debret (1768–1848) und auch Aimé Bonpland (1773–1858), der Gefährte Alexander von Humboldts auf seiner Südamerikareise. Bonpland lebte zwanzig Jahre in Brasilien, Paraguay und dann in Argentinien, wo er sich mit der Aufzucht von Nutzpflanzen und Merinoschafen beschäftigte. Den Malern verdanken wir erste Darstellungen und Impressionen der paradiesischen Landschaften und exotischen Natur sowie pittoreske Szenen aus dem Alltag der Kolonialzeit. Eckhout schuf herrliche Stillleben von Flaschenkürbissen, Maniokwurzeln, Ananas, Melonen, Maracuja und anderen unbekannten Früchten. Frans Post wird wegen seiner betörenden Landschaften als ›Maler der verlorenen Paradiese‹ bezeichnet. Johann Moritz Rugendas publizierte 1835 auf Deutsch und Französisch die *Voyage pittoresque et historique du Brésil* (*Malerische Reise in Brasilien)* mit einhundert Zeichnungen, auf denen erstmals ein ritueller Capoeira-Tanz dargestellt wird. Speisen zeigt er allerdings kaum, nur die Jagd und das Fischen und ein alkoholisches Maisgetränk, das betrunken macht. Neben allen möglichen Wurzeln, vor allem aber Maniok, aßen die Indigenen Insekten, sammelten Honig, kletterten auf die Palmen und ernteten die wohlschmeckenden Palmherzen, *palmitos*. Auf den Zeichnungen sieht man immer viele Menschen, desgleichen ein paar Tiere, aber keine Früchte.

Am umfangreichsten gibt das Werk von Jean-Baptiste Debret Auskunft: Er lebte von 1816 bis 1831 in Brasilien und gründete in Rio de Janeiro eine Kunstakademie, die Academia Imperial de Belas Artes. Mehr als der Lehre galt sein Interesse dem Leben der einfachen Menschen, insbesondere den Versklavten, die er wiederholt porträtierte. Auf der Rückkehr brachte er über fünfhundert Aquarelle nach Frankreich, ein authentisches und nahezu soziologisches Abbild des kolonialen Brasiliens. Ausführlich kommentierte er seine Bilder, denn er wollte eine *Malerische und historische Reise nach Brasilien* vorlegen – so der Titel seines Buches, das in Paris für Aufsehen sorgte. Ihm verdanken wir beeindruckende Bilder von der Vegetation der unberührten Wälder, dem wilden Feigenbaum oder dem Kalebassenbaum und den vielen Pflanzen, mit denen sich die Indigenen tätowierten, oder anderen, aus deren Früchten sie Ketten bildeten. Natürlich fehlen die essbaren Knollen *inhame, cipó, cará* oder *aipim* nicht, Varianten des Manioks. Seine Bilder zeigen die Menschen, wie sie Früchte oder Tiere transportieren, wie sie kochen und Nahrung vorbereiten, welche Töpfe sie benutzen. Ein Meisterwerk.

Pão de queijo

Brasilianische Käse-Maniok-Bällchen

Für circa 50 Bällchen

400 g Tapiokastärke (aus dem Asia-Laden)
200 ml Milch
100 ml Öl
1 ½ TL Salz
2 kleine Eier
200 g geriebener Käse (etwa Gouda mittelalt)

Zubereitung

Tapiokastärke in eine Schüssel geben. Milch, Öl und Salz in einem Topf zum Kochen bringen. Die heiße Flüssigkeit zur Stärke geben und mit einer Gabel zu einer festen Masse verrühren. Wenn die Masse etwas abgekühlt und lauwarm ist, die Eier nacheinander hinzufügen und mit den Händen oder einem Knethaken zu einem glatten Teig verarbeiten. Den geriebenen Käse dazugeben und durchkneten. Der Teig sollte etwas klebrig, aber fest sein. Mindestens 1 Stunde im Kühlschrank ruhen lassen. Aus dem Teig walnussgroße Bällchen formen und auf ein mit Backpapier ausgelegtes Blech verteilen, dabei darauf achten, dass ausreichend Abstand zwischen den Bällchen ist. Im vorgeheizten Ofen bei 200°C Ober- und Unterhitze auf mittlerer Schiene zunächst 10 Minuten backen, dann die Temperatur auf 170°C senken und weitere 10 Minuten backen. Die Bällchen sollten nicht braun werden, sondern außen goldgelb und innen noch feucht sein. Sofort heiß servieren.

Tipp
Ungebackene Käsebällchen eignen sich hervorragend zum Einfrieren und können direkt aus dem Gefrierschrank in den sehr heißen Ofen geschoben werden.

Die Enttäuschung der Portugiesen

Vergleicht man den Reichtum und das Raffinement der mexikanischen Gerichte, mit denen Hernán Cortés bewirtet wurde, mit dem Empfang, den die Tupinambá ihren portugiesischen Eroberern bereiteten, könnte der Unterschied kaum größer sein. Es gab keine großen Siedlungen, keine pittoresken Märkte oder kulinarische Vielfalt, und die tropischen Naturschätze konnten die Enttäuschungen über die fehlenden Gold- und Silbervorkommen nicht wettmachen. Der Vergleich mit Peru und den dort überreich vorhandenen Edelmetallen war ebenso niederschmetternd. War Asien nicht doch die bessere Wahl?

Dennoch fuhren immer mehr portugiesische Schiffe nach Brasilien, und das Verhältnis zwischen Indigenen und Europäern veränderte sich: Aus freundlicher Neugier wurde feindliche Ablehnung, je dominanter die Eroberer auftraten. Ab 1532 bezeichneten die Portugiesen Brasilien als »wirtschaftlich und staatsbürgerlich gegründet«, es war ihr Territorium, wie zuvor schon festgehalten im Vertrag von Tordesillas 1494. Also kamen immer mehr Nahrungsmittel aus der Heimat und den asiatischen und afrikanischen Kolonien ins Land: Es begann eine langsame botanische Vermischung. Kokospalmen, Mangobäume, Brotbäume, Bananen wurden importiert, nach Portugal kamen Erdnüsse,

Maniok, Süßkartoffeln, verschiedene Knollen, Pfeffer. Das Zuckerrohr wurde Anfang des 16. Jahrhunderts aus Asien verschifft, Portugal lieferte Apfelsinen- und Zitronenbäume, Feigen, Melonen, Kohl, Salate, Quitten und andere Früchte – und natürlich auch Schweine, Ziegen, Hühner und Kühe. Insgesamt gab es also Obst und Gemüse aus vier Kontinenten. Olivenöl wurde ersetzt durch das Fett vom *peixe-boi,* dem Flussmanatí, Weizenmehl gerne durch feinstes Maniokmehl, Wein zuletzt durch lokale fermentierte Manioksäfte. Die Indigenen aßen Gürteltiere und Tukane, auf die die Europäer gerne verzichteten, während sie die einheimischen Fische schätzten.

Die Portugiesen immigrierten zahlreich, aus Abenteuerlust oder um der Armut in der Heimat zu entkommen und ihr Glück anderswo zu suchen. Sie mussten nur katholisch sein, das war die Bedingung für die Erlaubnis, den Ozean zu überqueren. So gelangten zwar problemlos Kriminelle ins Land, jedoch wagten nur wenige Frauen die Überfahrt. Die vertrauten Nahrungsmittel aus der Heimat wuchsen prachtvoll im neuen Land, waren größer, kräftiger und ertragreicher. Schon bald entstanden Fazendas in Pernambuco und Bahía, wo später vor allem Kakao und Zuckerrohr angebaut wurden.

Andere Portugiesen waren auf der Suche nach Gold. Kleine Expeditionstrupps, die privaten Bandeiras oder die öffentlich finanzierten Entradas, suchten Edelmetalle und Diamanten in Minas Gerais und im Mato Grosso do Sul, die man dort vermutete. Aber es dauerte fast zweihundert Jahre, bis sie wirklich Gold und Edelsteine in riesigen Mengen entdeckten. Im Land begann damit ein Goldrausch, der erste der Geschichte. Etwa 600 000 Portugiesen strömten zwischen 1700 und 1750 ins Land, und jedes Jahr arbeiteten Tausende Versklavte in den Minen, wo sie brutal geschunden wurden. Auch Indigene wurden in beträchtlichem Umfang nach Minas Gerais verschleppt.

Cuscuz paulista

Mais-, Fisch- und Gemüse-Couscous

In dieser aus São Paulo stammenden Variation des berühmten nordafrikanischen Couscous wird statt Weizen Mais eingesetzt. Er darf auf keinem Büffet fehlen und wird kalt gegessen.

Für 14 Portionen

300 g Gemüse (zum Beispiel Maiskörner, Möhren, gefrorene Erbsen, Sellerie oder Fenchel)
1 Zwiebel
2 große Knoblauchzehen
100 ml Olivenöl
400 g reife Tomaten (etwa 5 Tomaten oder 1 kleine Dose)
½ l Hühner- oder Gemüsebrühe
125 g Polenta
400 g Palmherzen aus der Dose oder kurz angebratener grüner Spargel oder ähnliches Gemüse
1 EL schwarze Oliven
2 EL Petersilie
1 Dose Sardinen oder Thunfisch, 20–150 g (optional)
Meersalz und Pfeffer

Zum Anrichten

1 Kronenform (Savarinform) von 22–26 cm Durchmesser
5–7 g Palmenherz- oder Spargelscheiben oder grüne Bohnen
1 hartgekochtes Ei, in Scheiben geschnitten
3 kleine Tomaten, in Scheiben geschnitten

Zubereitung des Couscous

Gemüse und die Zwiebel in kleine Würfel hacken. Die Knoblauchzehen mit etwas Salz mörsern oder klein hacken. Das Olivenöl in einer Pfanne mit den Zwiebeln, Gemüse und dem Knoblauch andünsten. Die Tomaten klein würfeln, hinzufügen und mit der Brühe etwa 2 Minuten köcheln lassen. Nach und nach die Polenta unter ständigem Rühren hinzufügen und noch 10–15 Minuten köcheln lassen, bis sie cremig ist. Falls erforderlich, etwas mehr Wasser hinzufügen.

Die Oliven in Ringe schneiden. Palmherzen oder Spargel mit den Oliven, Sardinen oder Thunfisch mit der Petersilie, Salz und Pfeffer zum Grieß geben. Die Polenta abschmecken und nachwürzen.
Die Savarinform mit Frischhaltefolie auslegen.
Palmherz- oder Spargelscheiben, die Eier- und die Tomatenscheiben dekorativ auf dem Boden und den Seiten der Form verteilen. (Wenn Zutaten übrig sind, einfach in die Couscous-Füllung geben). Die Masse in die Savarinform gießen, die Oberfläche glätten und mindestens 2 Stunden lang in den Kühlschrank stellen. Die Form auf einen großen Teller oder eine Platte stürzen, die Frischhaltefolie entfernen und kalt servieren.

Die meisten, zunächst kleinen und erfolglosen Unternehmungen begannen in São Paulo, eine 1554 gegründete Siedlung, die ihren Namen dem Gedenktag der Bekehrung des Apostels Paulus verdankt. Die beiden Jesuiten Manuel da Nóbrega (1517–1570) und José de Anchieta (1534–1597) hatten die Grundsteine gelegt. Ersterer gilt als ›zweiter Entdecker Brasiliens‹, und er war ein engagierter Fürsprecher der Indios, die er bedingungslos christianisieren wollte. Seine Eindrücke zeichnete er in vielen, oft aufschlussreichen Briefen auf. Amtsbruder José de Anchieta seinerseits taufte etwa zwei Millionen Indigene und studierte mit Fleiß die unbekannten Pflanzen und Tiere. Vor allem aber verfasste er die erste Grammatik des Tupí – die damalige *língua geral* des ganzen Landes.

Über die Sitten hält de Anchieta fest, dass die Indigenen miteinander friedfertig umgingen, nur wenn sie zu viel von ihrem »Wein« getrunken hätten, dem sie sehr zugetan seien, könne es zu Streitigkeiten kommen. Die Frauen versteckten dann ihre Pfeile. Der Wein wurde aus der Maniokwurzel gewonnen, aber auch aus Mais und anderen Früchten. Auch er hielt fest, dass während des Essens nicht getrunken und während des Trinkens nicht gegessen wurde. Das fermentierte Getränk schmeckte gut, war nahrhaft und wurde in großen Behältern aufbewahrt. Die Männer tranken es bei den oft tagelangen, mit viel Tanz und Gesang begangenen Festen.

Die Jesuiten, die um 1600 ins Land kamen, waren von enormer Bedeutung für die Kolonisierung. Bis zu ihrer Vertreibung 1759 aus Brasilien und ganz Lateinamerika gründeten sie zahllose Reduktionen, kleine Siedlungen für die Indigenen, in denen sie ›geschützt‹ leben konnten. Sie ließen sie Kirchen, Klöster und Schulen bauen, missionierten und gerierten sich als entscheidender Machtfaktor. Die Bewohner dieser Dörfer konnten sich selbst ernähren und lernten portugiesische Methoden des Ackerbaus und der Viehzucht kennen. Desgleichen erhielten sie Unterricht in Musik und spielten verschiedene Instrumente. Sie konnten Skulpturen und Gemälde anfertigen und lernten mit Farbe und Hölzern umzugehen.

Unter den Jesuiten gab es bedeutende Vertreter wie Antônio Vieira (1608–1697), dessen gesammelte und brillant geschriebene Predigten (fünfzehn Bände) und dessen Briefwechsel mit dem portugiesischen König eine Schatztruhe mit Informationen füllen. Die Ordensbrüder wachten natürlich mit besonderem Eifer über die katholische Moral, denn die Eroberer kopulierten hemmungslos. Die Prediger wurden nicht müde, dieses sittenlose Verhalten von der Kanzel herab zu geißeln.

Der Import der Sklaven hatte bereits um 1530 begonnen, schätzungsweise wurden insgesamt zwischen dreieinhalb und fünf Millionen Afrikaner nach Brasilien verschleppt. Der Anteil der Indigenen nahm hingegen kontinuierlich ab, sie wurden vertrieben, gefangen und konnten die harte Arbeit auf den Feldern nicht leisten. Außerdem fehlte ihnen jegliche Immunabwehr gegen die eingeschleppten Krankheiten. So entwickelte sich allmählich die Trennung der Gesellschaft in *Herrenhaus und Sklavenhütte,* wie sie Gilberto Freyre in seiner fundamentalen Studie erläutert hat.

Dennoch waren Bett und Küche wie in Mexiko und Peru machtvolle Schmelztiegel und verbanden allmählich die Ethnien und auch die Essgewohnheiten: Die Portugiesen kamen mit Indigenen und Schwarzen zusammen, meist auf dem Weg der Vergewaltigung. Die unterdrückten Frauen bewahrten so gut es ging ihr kulturelles Erbe und fügten es in die portugiesische Kultur ein. In der Religion entwickelte sich ein Synkretismus der Verehrung christlicher und afrikanischer Heiliger, der bis heute prägend für viele Regionen ist.

Laut Gilberto Freyre übernahmen die Portugiesen von den Indigenen gerne einige Kenntnisse – vor allem von den Frauen, die als Geliebte, Köchinnen oder Ammen einen festen Platz in der Kolonialgesellschaft fanden, während die Männer durch den Verlust ihrer Freiheit oft depressiv wurden oder wegen der Ausbeutung auf den Plantagen leicht erkrankten und starben. Das indigene medizinische Wissen war geschätzt, und die Rezepte mit Cashews, Kokosnussöl, dem omnipräsenten Maniok und der Liebe zum Pfeffer prägten die Küche jahrhundertelang.

Feijoada completa

Feijoada, Farofa, gewürzter Reis, scharfe Chilisauce, Grünkohl

Für 8–10 Portionen

Für die Feijoada

500 g schwarze Bohnen
250 g Kassler (original: getrocknetes Rindfleisch, 12 Stunden lang eingeweicht)
100 g Schweineohr, Schweineschwanz, Schweinsfuß (optional)
500 g bis 1 kg verschiedene geräucherte Fleisch- und Wurstsorten (Schweinerippchen, Kassler, Mettenden, Cabanossi)
2 Lorbeerblätter
100 g Speck

1 Zwiebel
4 Knoblauchzehen
neutrales Öl
Meersalz und Pfeffer

Für die Farofa
250 g Maniokmehl
4 EL Butter
Meersalz

Für den gewürzten Reis
2 Knoblauchzehen, fein gehackt
2 TL Salz
4 EL neutrales Öl
800 g gewaschener und gut abgetropfter Langkornreis (empfehlenswert sind Basmati- oder Jasmin-Reis)
1,4 bis 1,5 l kochendes Wasser

Für die scharfe Chilisauce
1 Zwiebel
2 Tomaten
1 Chilischote oder mehr, falls erforderlich
1 Handvoll fein gehackte Petersilie
gehackter Koriander (optional)
Saft von 2 Limetten
3 EL des Bohnenkochwassers oder 2 EL Cachaça oder Wasser
Meersalz und Pfeffer
1 Prise Zucker

Für den Couve
400 g Kohlblätter (Grünkohl oder Kohlrabiblätter oder Schwarzkohl)
2 Knoblauchzehen
3 EL Öl
Meersalz und Pfeffer

Noch dazu
4 bis 6 Orangen

Zubereitung der Feijoada

Die Bohnen über Nacht einweichen. Falls man gepökeltes Fleisch hat, ebenfalls separat über Nacht ins kalte Wasser legen, das zwei- bis dreimal gewechselt wird. Die Bohnen mit den Lorbeerblättern in reichlich Wasser bei schwacher Hitze etwa 1 ½ Stunden kochen. Nach 20 Minuten Stück für Stück die verschiedenen Fleischsorten hinzufügen und garen.
Den Speck grob würfeln, die Zwiebel und Knoblauchzehen klein würfeln. In einer Pfanne das Öl erhitzen und die Zwiebel, Knoblauch und Speck anbraten. Etwa 1 Tasse Kochwasser mit etwas Bohnen beifügen und unter Rühren zu einer dicken Konsistenz andicken lassen (alternativ die Bohnen plus Wasser im Mixer pürieren). Im Anschluss alles zurück in den großen Topf geben und umrühren. Gut schmoren lassen, wenn nötig etwas Wasser zufügen, bis das Fleisch und die Bohnen weich sind. Abschmecken und mit Salz und Pfeffer nachwürzen.

Zubereitung der Farofa

In einer Pfanne das Maniokmehl bei mittlerer Hitze unter ständigem Rühren gleichmäßig rösten. Butter und Salz hinzufügen und gut umrühren, bis die Masse goldbraun ist. Aus der Pfanne nehmen und in einer Schüssel abkühlen lassen.

Zubereitung des Gewürzreises

Den Knoblauch mit dem Salz zu einer feinen Paste zerdrücken. Die Knoblauchpaste in Öl mit dem Reis anbraten und gut durchrühren, bis sich die Körner voneinander trennen und glasig werden. Das kochende Wasser und das Salz dazugeben, nicht rühren, mit dem Deckel abdecken und bei schwacher Hitze etwa 20 Minuten garen lassen. Den Herd abschalten und den Reis noch 10 Minuten bedeckt im Topf ruhen lassen, bevor er serviert wird.

Zubereitung der scharfen Chilisauce

Die Zwiebel und die Tomaten fein würfeln. Chilischote in dünne Ringe schneiden. Mit allen übrigen Zutaten in eine Schüssel geben und mit Salz und Pfeffer würzen.

Zubereitung des Couves

Die Kohlblätter vom Strunk befreien, fest einrollen und in sehr feine Streifen schneiden. In einer Pfanne etwas Öl erhitzen und die Blätter gemeinsam mit geriebenem Knoblauch und etwas Salz und Pfeffer unter Rühren scharf anbraten.

Anrichten

Die Orangen schälen, in Scheiben schneiden. Farofa, gewürzten Reis, scharfe Chilisauce, Kohl mit den Orangenscheiben zu der Feijoada servieren.

Tipp

Gepökeltes Schweineohr/-schwanz/-fuß ergibt das etwas Sämige der Feijoada. Falls aber nicht vorhanden, einfach mehr Schweinswürste dazugeben. Die Sämigkeit kann auch durch pürierte Bohnen erzielt werden.
Feijoada ist ideal zum Einfrieren.

Maniok, schwarze Bohnen und getrocknetes oder gesalzenes Fleisch finden sich heute im Nationalgericht des Landes, der Feijoada. Die Essayistin Moema Parente Augel (*1939) behauptet, der Eintopf sei so »heilig wie die Nationalhymne«, in den sechs sich deutlich voneinander unterscheidenden Regionen Brasiliens wird er in zahllosen Varianten zubereitet. Bereits in den ersten Kochbüchern, im *Cozinheiro Imperial* von 1840, insbesondere dann im *Cozinheiro Nacional* von 1875 wird die Feijoada detailliert beschrieben. Ursprünglich ein Gericht der Sklaven, die es aus den ihnen zugeteilten Resten zubereiteten, entwickelte sich allmählich der ›Mythos Feijoada‹. Saint-Hilaire hat das in seinem Reisebericht erläutert. Ansonsten seien Maniok als *pau-de-farinha* (Tapioka) und *beiju* (Sagokuchen aus der Sagopalme) die fundamentalen Bestandteile der brasilianischen Ernährung – und bleiben es bis heute.

Der große Lyriker und Sänger Vinicius de Moraes (1913–1980) verfasste das Gedicht: *Feijoada auf meine Art* und zählte die Zutaten auf: Zwiebeln, Tomaten, Knoblauchzehen – und man nehme zur Stärkung einen Whisky auf Eis –, Bohnen, Dörrfleisch, Speck, Schinken, Zunge, Lorbeer, gebratene Mettwurst, Huhn, geschnittener Kohl, *farofa,* Apfelsine. Und er endet: »Welch größeres Glück kann ein Körper verlangen, nachdem er diese Bohnen gegessen hat? Natürlich eine Hängematte und einen Kater zum Kraulen. Pflicht erfüllt. Das Wort eines Dichters ist nie umsonst. – niemals! Es umarmt Sie, mit Brillat-Savarin, Ihr Vinicius de Moraes«.

Auch der Liedermacher, Lyriker und Autor Chico Buarque (*1944) verfasste ein Loblied auf die *feijoada completa,* so der Titel der Samba. Die Freunde, die mit einem unbändigen Hunger und Durst kommen, sollen mit Bier und Zuckerrohrschnaps großzügig bewirtet werden, man brauche keinen fein gedeckten Tisch. Die Feijoada solle viel Griebenschmalz, Speck, Schinken, Dörrfleisch, Kohl, *farofa* und Pfeffer enthalten, dazu gibt es Reis – ein kalorienreiches Essen für die Freunde. Der Schriftsteller Luis Fernando Veríssimo (*1936) publizierte eine gleichnamige Erzählung, die erfolgreich verfilmt wurde. Wie man sieht: Es handelt sich um ein literarisches, musikalisches und geschichtsträchtiges Mahl.

Die Küche von Salvador de Bahia

Die wichtigste Stadt des Landes war zunächst Salvador de Bahia, 1549 gegründet und bis 1763 Hauptstadt der Kolonie. Um 1600 existierte ein prosperierender Hafen, wo die Mehrzahl der Sklaven an Land geschafft und auf dem Pelourinho-Marktplatz verkauft wurde. In der Stadt gab es damals bereits viertausend Schwarze, und die Bahianer pflegten dieses einträgliche und stetig wachsende Geschäft mit diesen Menschen während dreihundert Jahren. Der Großteil der Versklavten gelangte dennoch über Rio de Janeiro ins Land, bis der Handel 1850 beendet wurde. Offiziell wurde die Sklaverei in Brasilien – als letztem Land Lateinamerikas – erst 1888 endgültig verboten. Aber die Schwarzen wurden dringlich für die Arbeit auf den Kakao- und Zuckerrohrplantagen im Hinterland gebraucht. Das erklärt ihren unübersehbaren Anteil in der Bevölkerungsstruktur von Salvador de Bahia und anderen Städten im Nordosten.

Schwarze Köchinnen waren begehrt, gerade auf den Fazendas, und schwarze Ammen sorgten liebevoll für die Kinder. Aber überall waren Indigene und Schwarze der Willkür der ›Herren‹ ausgesetzt, ihre Vergewaltigung eine alltägliche Gewohnheit. Die Schicksale der unehelichen ›farbigen‹ Kinder in der bigotten christlichen Gesellschaft können Bibliotheken füllen.

In der Küche entwickelten sich kontinuierlich neue Verbindungen zwischen autochthonen, afrikanischen und importierten Lebensmitteln. Bis heute typische Gerichte in Bahia sind Moqueca de peixe (siehe unten), Camarão à Baiana (Garnelen auf bahianische Art) oder Vatapá, ein aufwändiges Gericht mit Fisch, Krabben, Nüssen und vielen anderen Zutaten, das Jorge Amado (1912–2001) so sehr schätzte, dass er es in mehreren Romanen erwähnt hat; in *Dona Flor und ihre zwei Ehemänner* wird es genau beschrieben.

Moqueca de peixe

Brasilianischer Fischeintopf

Für die Marinade

2 Knoblauchzehen
1 kleine rote Chilischote, scharf mit Kernen
¼ Bund Koriander, am besten mit Wurzel
2 TL feines Meersalz

Für den Fischtopf

800 g festfleischige weiße Meeresfischstücke (Dorsch, Rot- oder Seebarsch, Seeteufel)
500 g geschälte Garnelen
2 Zwiebeln
2 Paprikaschoten (rot und gelb)
3 Tomaten
2 EL neutrales Öl
3 gehäufte EL festes oder 5 EL flüssiges Palmöl
300 ml Kokoscreme (nur der obere feste Teil)
Meersalz und Pfeffer
3 EL Korianderstiele oder ganze Blätter
2 Frühlingszwiebeln

Zubereitung der Marinade

Knoblauch, Chilischote und Koriander klein hacken und alles mit dem Salz in einem Mörser oder Mixer zu einer Paste verarbeiten.

Zubereitung des Fischtopfs

Die Fischstücke (gegebenenfalls entgräten) waschen und trockentupfen und in große Würfel schneiden. Garnelen ebenso. Den Fisch mit der Marinade vermengen und mindestens 1 Stunde im Kühlschrank ziehen lassen. Die Garnelen kalt stellen. Zwiebeln, Paprika und Tomaten in Scheiben schneiden und alles in einer Schüssel vermengen.
In einem schweren Topf aus Ton oder Gusseisen das Öl und das Palmöl erhitzen. Die Hälfte der Zwiebel-Paprika-Tomatenmischung zufügen. Den marinierten Fisch (ohne die Garnelen) darüber verteilen und mit der restlichen Zwiebel-Paprika-Tomatenmischung bedecken. Alles bei geschlossenem Deckel circa 20 Minuten köcheln, bis der Fisch gar ist.
Damit der Fisch möglichst ganz bleibt und die Schichten erhalten bleiben, sollte so wenig wie möglich gerührt werden. Jetzt die Garnelen dazugeben und 3 Minuten köcheln lassen.
Mit Kokosnusscreme die Moqueca bedecken. Korianderstiele hacken beziehungsweise Blätter zupfen. Die Frühlingszwiebeln putzen und in Ringe schneiden. Die Moqueca mit den Kräutern bestreuen.

Dazu passt

Gewürzter Reis (siehe Seite 130) (halbe Menge), Farofa (siehe Seite 130), Chili-Sauce (siehe Seite 130).

Charakteristisch für die Küche Bahias ist die großzügige Verwendung von Dendê-Öl sowie von Kokosmilch, Pfeffer und vielen frischen Kräutern, vor allem Koriander. Die Verbreitung von Nahrungsmitteln wie Okra (*quiabo*), Yams (*inhame*) und anderen erklärt sich nicht zuletzt durch ihre Wertschätzung und den Gebrauch in der afro-brasilianischen Religion Candomblé. Dabei werden den so verschiedenen und wichtigen Göttern, den Orixás, zu besonderen Anlässen unterschiedliche Speisen offeriert.

Caldo de sururu

Miesmuschelsuppe mit Koriander und Chili

1 kg Muscheln
400 g Garnelen
2 Knoblauchzehen
1 rote Chilischote
3 Korianderwurzeln (oder 6–7 Zweige mit einigen Blättern)
feines Meersalz
2 Zwiebeln
4 EL Öl
2 Tomaten
500 ml Wasser
50 ml Cachaça (oder 100 ml Weißwein)
400 g gekochte Kartoffeln, gewürfelt
200 ml Kokosmilch
Salz und Pfeffer
1 Prise Zucker
Saft von ½ Limette
1 EL Palmöl (optional)
eine Handvoll frischer Korianderblätter

Zubereitung

Muscheln unter fließendem Wasser gründlich waschen, geöffnete Muscheln aussortieren und entsorgen. Garnelen waschen und trockentupfen, längs einschneiden und den Darm entfernen. Knoblauch schälen, Chilischote waschen, Kerne entfernen und beides klein schneiden. Korianderwurzeln oder Zweige waschen und grob hacken. Gemeinsam mit Knoblauch, Chili und 1 gestrichenem EL Salz in einen Mörser geben und zu einer Paste zerreiben. Zwiebeln schälen und in kleine Würfel schneiden. In einem Topf Öl erhitzen, die Zwiebeln und die Paste darin unter ständigem Rühren anbraten. Tomaten waschen, Blütenansatz entfernen und in Würfel schneiden. Zusammen mit den Muscheln und den Garnelen zu der Zwiebelmischung geben. Mit Wasser und Cachaça oder Weißwein aufgießen, aufkochen und zugedeckt bei niedriger Hitze circa 5 Minuten garen, bis sich die Muscheln öffnen. Anschließend die Muscheln und die Garnelen mithilfe eines Schaumlöffels aus dem Sud nehmen. Geschlossene Muscheln aussortieren und entsorgen.
Die gekochten Kartoffelwürfel mit der Kokosmilch zum Muschelsud geben und alles pürieren. Die Flüssigkeit etwas einkochen und Muscheln und Garnelen wieder zufügen. Mit Salz, Pfeffer, Zucker, Limettensaft und Palmöl abschmecken. Mit den Korianderblättern servieren.

Tipp

Wenn Sie Gäste haben, können Sie die Muscheln ganz öffnen, das Fleisch mithilfe eines Teelöffels herauslösen und die Schalen entsorgen.

Jorge Amado, der beliebteste Autor Brasiliens im 20. Jahrhundert, lebte in Salvador Bahia und hat die Kochkunst seiner Heimatstadt in vielen Romanen beschrieben. Das ist durchaus bemerkenswert, denn kaum ein lateinamerikanischer Autor hat sich in seinen Büchern mit der Küche beschäftigt – das war Thema für die Frauen und ihre

Dienstboten. Seine Tochter Paloma hat das umfangreiche Gesamtwerk erforscht und dokumentiert, was »ein romantischer und sinnlicher Romancier aus Bahia seinen Figuren zu essen gab«. Daraus entstand ein umfangreiches, (bislang) zweibändiges Werk.

Der Roman *Dona Flor und ihre zwei Ehemänner* erzählt von einer Kochschule, und die Protagonistin liefert viele köstliche Rezepte, angefangen beim einfachen Mandiokakuchen, den sie dem Autor empfiehlt: »Zucker, Salz, geriebener Käse, Butter, Kokosmilch, von der dünnen und der dicken, man braucht beides … Die Mengen je nach Geschmack des einzelnen, jeder hat seinen eigenen Gaumen und bevorzugt ihn süßer oder salziger, ist's nicht so? Das Gemisch gut zerreiben. Heißer Backofen.« Aber natürlich geht es auch komplizierter, wenn »Gedünstete Schildkröte und andere ungewöhnliche Gerichte« diskutiert werden. Wichtig zu wissen ist, »was bei einer Totenwache anzubieten ist und wann«. Besondere Sorgfalt erfordern die Gerichte für die Orixás, denn sie sind anspruchsvoll und launisch. »Jeden Mittwoch ißt Xangó Amalá, und an den Pflichtübungstagen ißt er Schlammschildkröte oder Hammel Ajapá oder Agutan … Bewahr für Ogun den Bock auf und den Akikó, das ist ›Hähnchen in Zunge‹ auf dem Kultplatz. … Mit Spiegel und Fächer geziert, zimperlich und gefallsüchtig, liebt Osun Acará und Ipeté, zubereitet mit Inhame, Zwiebeln und Krabben. Als Beilage zum Ziegenfleisch, seinem Lieblingsfleisch, tragt Adun auf: Maisfeinmehl mit Dendê-Öl und Bienenhonig. … Exus Speise ist alles, was der Mund kostet und ißt, nur seine Getränke beschränken sich auf eines, auf reinen Zuckerrohrschnaps. An den Kreuzungen hockt Exu und wartet auf die Nacht, um den schwierigsten Weg einzuschlagen, die schmalste, verschlungenste Fährte, nach allgemeiner Auffassung den Pfad des Bösen.« Mit einem guten Gericht zeigt er vielleicht den leichteren Weg.

Die komplizierten Gerichte für die Götter, um sie den Menschen gewogen zu machen, waren natürlich keine

Alltagskost für die Brasilianer. Diese entwickelte sich höchst bescheiden im 17. und 18. Jahrhundert, vor allem dank der Schwarzen in der Region Bahia. Einflüsse aus anderen Gegenden kamen später dazu, so aus Minas Gerais, wo 1693 die ertragreichen Gold- und Diamantenminen entdeckt wurden und der Reichtum der Region seinen Anfang nahm, wovon der Name der Hauptstadt, Ouro Preto, Schwarzes Gold, zeugt.

Seitdem gab es zwei landwirtschaftliche Zentren im Land: In der Umgebung von São Paulo gab es die Kaffeeplantagen, Salvador Bahia hatte die bedeutenden Kakao- und Zuckerrohrfelder. Sie bescherten den Fazendas im 18. und 19. Jahrhundert gewaltigen Wohlstand und verliehen der Küche indirekt neue Impulse: Sie wurde unübersehbar reichhaltiger. Stark gesüßten Kaffee zu trinken war und ist eine beliebte Gewohnheit.

1763 wurde Rio de Janeiro Hauptstadt des Vizekönigreichs Brasilien, nachdem die überreichen Erträge der Minen für den Ausbau des Hafens gesorgt hatten und von dort verschifft wurden. Die »schönste Stadt« wuchs, prachtvolle Bauten entstanden. Salvador hingegen verlor an Bedeutung, aber der damalige Reichtum bleibt bis heute unübersehbar in den goldüberladenen Kirchen und Klöstern.

Die königliche Familie floh 1807 mit dem Hofstaat vor den Truppen Napoleons von Lissabon nach Rio de Janeiro. Ihre Flucht bedeutete wiederum eine Zäsur und den Beginn einer neuen Etappe. Schon 1808 wurden die Häfen Brasiliens für den Welthandel geöffnet, jetzt kamen voll beladene Schiffe aus vielen Ländern an. Das Land wurde 1815 zum Königreich proklamiert, doch als 1821 João VI. (1767–1826) in die Heimat zurückkehrte, erklärte 1822 sein Sohn und Stellvertreter Dom Pedro (1798–1834) Brasilien für unabhängig und wurde zum Kaiser gekrönt. Mit seiner Proklamation verstärkte sich die Entwicklung eines nationalen Bewusstseins.

Mit direkten Folgen für die Küche, denn selbstverständlich speiste man am Hofe ›französisch‹, und bis zur Ausrufung der Republik 1889 dominierte dieser ›noble‹ Einfluss in den Städten des Landes und sogar auf den Fazendas. Dennoch konnte sich eine autochthone Küche behaupten: König João VI. liebte zum Beispiel die Gerichte seiner schwarzen Köchin, vor allem das gebratene Huhn, und so vermachte er ihr als Dank bei seiner Abreise eine großzügige Pension. Und König Dom Manuel hatte bereits früh den frischen Maiskolben gelobt, »besser als jede noch so feine Erbse … und gegrillt ist er das Gold auf dem Tisch«. Langsam entstanden in Rio Gerichte, die portugiesische, französische, indigene und schwarze Ingredienzen verwendeten und vermischten – es lässt sich nur schwer definieren, welchen Anteil die einzelnen Bestandteile ausmachen. Die Küche von Minas Gerais galt als besonders gut, da es Vieh, Käse, Obst und Gemüse im Überfluss gab – insbesondere Okraschoten und die Kohlart *couve,* wichtiger Bestandteil jeder Feijoada. Die Region wurde dank der überreichen Bodenschätze sehr wohlhabend, Ouro Preto zu einer der reichsten Städte des Landes – vor allem dank der Arbeit von Tausenden versklavter Menschen.

Während an der Küste, im Nordosten und auch in Minas Gerais Maniok das Hauptnahrungsmittel war, dominierte im Süden der Mais. Bohnen gediehen überall, und die importierten und bald weit und breit angepflanzten Kokosbäume und Bananenstauden bereicherten die Küche. Einheimische Früchte existierten in reicher Zahl: Cashew, die ›Königin‹ Ananas, die rote und weiße Goiaba, Papaya, Graviola, die ›magische‹ Pitanga oder der Umbu … die Fülle ist kaum überschaubar.

Dennoch hielt sich ein hartnäckiges Vorurteil: In Brasilien habe man jahrhundertelang schlecht gegessen. Korrekt ist, dass Überfluss oder Hunger, je nach Region, das Land bis heute prägen. Es gibt gewaltige Unterschiede zwischen dem fruchtbaren Süden und dem von Dürreperioden geprägten Nordosten. Der Arzt, Diplomat und Schriftsteller Josué de Castro (1908–1973) machte aus dem Kampf gegen den Hunger sein Lebensthema. Im Roman *Der Krebskreis* schildert er auf der ersten Seite seine Kindheitserfahrungen: »In dem armen, hungernden Gebiet des brasilianischen Nordostens, wo ich geboren wurde, pflegt man ein kleines Stück Trockenfleisch mit einem großen Teller geröstetem Maniokmehl zu servieren. Das winzige Stück Fleisch reicht gerade aus, um diesem Berg gerösteter und gesalzener *farofa* Geschmack und Geruch zu geben.« Farofa enthält viele notwendige Kohlehydrate, ist daher ein unverzichtbarer Bestandteil der brasilianischen Alltagsküche.

Der Unterschied zwischen der Küche für die »Armen« und jener für die »Reichen« ist augenfällig: Ganz wichtig waren stets die Süßspeisen, denn Brasilien hatte nach England den statistisch höchsten Verbrauch an Zucker, schließlich war das Land einer der weltweit größten Produzenten von Zucker und Kaffee. 1883 erschien ein *Doceiro Nacional*, weitere Kochbücher nur mit Süßspeisen folgten, und 1892 fanden sich bereits mehrere Hundert Nachspeisen und Kuchen auf den 612 Seiten des *Doceiro Brasileiro*. Eine kaum zu definierende Fülle, die von der Kreativität der Köchinnen zeugte, denn sie probierten ständig Neues aus, entwickelten Altes weiter, vermischten alles nur Vorstellbare.

Mousse de maracujá

Passionsfruchtmousse

1 Dose Kondensmilch, gezuckert (400 g)
500 g Kaymak oder Crème fraîche/Mascarpone
400 ml ungezuckertes Passionsfruchtpüree (Maracuja)

Noch dazu

4 Passionsfrüchte für die Dekoration
kleine Gläser oder Schalen

Zubereitung

Die Kondensmilch mit dem Kaymak oder der Crème fraîche und dem Passionsfruchtpüree mit einem Mixer schaumig mixen. Die cremige Mousse in kleine Gläser gießen, für mindestens 5 Stunden in den Kühlschrank (oder für mindestens 2 Stunden in den Gefrierschrank) stellen. Vor dem Servieren mit frischem Maracujafruchtfleisch garnieren.

Tipp

Damit man nur den »konzentrierten« schweren Rahm des Kaymak bekommt: Die Dose eine halbe Stunde ins Gefrierfach legen und dann öffnen. Das Wasser wegschütten und nur die Creme verwenden.

Ein feines Essen 1827 auf einer Fazenda auf der Insel Itaparica konnte so aussehen: »Unter dem großen Laubengang aus säuselnden Grenadille- und Marajucá-Ranken, zwischen denen sich hier und dort lilafarbene Blüten zeigten ... die in nichts den auf der großen Tafel in Majolikaschalen aufgetürmten Früchten, Süßspeisen und Backwaren nachstanden ... gab es Guaven in purpurfarbenem Saft, diese Blätterteigschnitten, deren Lagen man bewundert, bevor man hineinbeißt, diese Eierfäden, deren zarte Ranken die Erinnerung umschlingen, dieses Kuskus aus saurem Maniokmehl, das sich langsam in Kokosmilch auflöst, diese Ananasse, Granatäpfel und Sapotillapflaumen, diese Flaschenbaumfrüchte, diese roten und gelben Rosenäpfel und Mangofrüchte, diese Zimtäpfel, Jabuticabas, Cajús, Carambolafrüchte und Pitangabeeren, diese Ingáfrüchte, diese Jambolane und Papayas, dieses in den Gläsern schillernde Erfrischungsgetränk.«

Die vielfältigen Gemüsesorten waren besonders wichtig in der Küche. Da sie überall wuchsen, auch in den eigenen Gärten, konnten arme Brasilianer mit Selbstgezogenem und ein paar Fischresten einen schmackhaften Eintopf zubereiten: Es genügten Okra, Anguriengurken, Zwiebeln und viel Koriander, das beliebte Küchenkraut. Dazu gab es pfeffergewürzten Maniokbrei – das reichte, um eine Familie gut zu ernähren.

Wirklich imponierend ist der Kugelfischeintopf, wie ihn João Ubaldo Ribeiro beschreibt. Das war 1898: »Dampfende Filets, weiß wie Engelwurz …, ein Geruch, einfach atemberaubend, und drum herum an der Spitze aufgebrochene Quiabos, liebevoll ausgesucht, über eine Handspanne lang, schleimig, wie es sich gehört, und ganz entscheidend für das Gericht; reichlich Anguriengurke, etwas bittere Eierfrucht, etliche Erdbananen, zwei oder drei große Süßkartoffeln, verschiedene Scheiben Kürbis, Tomaten in mehreren Reifegraden, weiße Kartoffeln, Rosenmaniok, eine große Scheibe Jasminwurzel, Weißkohl, Grünkohl und Brotfrucht, alles vom Besten, die feinsten Zutaten zu einem großen Fischeintopf, gewürzt mit Zitronensaft, mit scharfem, rotem Pfeffer, ein bißchen Knoblauch, ein bißchen Salz, ein paar rote Zwiebelchen und Koriander mit vollen Händen, als wäre es Gras, alles gestampft in einem Mörser.«

Besonderes Geschick ist nötig, um diesen Fisch zuzubereiten, der zwar der beste Seefisch ist, aber auch giftig: »er tötet blitzschnell einfach jeden, der ihn ißt und nicht wußte, wie man ihn zubereitet.« Besser bekreuzigt man sich vor dem Verzehr und spricht ein Gebet, um – diesmal – nicht zu sterben.

Immigrationen und Veränderungen in den Küchen

1900 hatte Brasilien etwa 18 Millionen Bewohner, weniger als heute allein der Großraum São Paulo. Aber durch eine starke Immigrationswelle zu Beginn des 20. Jahrhunderts stieg die Zahl schnell an. Die Menschen kamen aus verschiedenen europäischen Ländern, sie flohen aus ökonomischen, politischen und religiösen Gründen. Bis 1920 zählte man 3 390 000 Neuankömmlinge, davon stammte etwa ein Drittel aus Italien, gefolgt von Deutschen. Aber auch ›Türken‹ (alle Einwohner aus dem Vorderen Orient wurden so bezeichnet) und Japaner gelangten zu Beginn des 20. Jahrhunderts immer zahlreicher ins Land. São Paulo wuchs sprunghaft und wurde eine Zeitlang zu einer ›italienischen‹ Stadt, denn Venetier oder Napolitaner gründeten eigene Viertel, gaben Zeitungen heraus und feierten ihre traditionellen Feste. Sie trugen entscheidend zum Fortschritt und Wohlstand der Stadt bei. Die Mehrzahl der Deutschen, Libanesen und Japaner siedelte sich ebenfalls vorwiegend in São Paulo an.

Nach 1920 nahm die Einwanderung so stark zu, dass manche Brasilianer eine Überfremdung befürchteten. Die Vorliebe der Neuankömmlinge galt dem fruchtbaren Süden und den Städten. São Paulo wurde zu einem Magneten und Schmelztiegel. Eine gezielte Einwanderungspolitik, auch nach dem Ende der Sklaverei, sorgte für ausreichend Arbeitskräfte. So begann die Rivalität mit Rio de Janeiro, die unverändert andauert. Wer ist die Schönste im Land? Rio, obwohl ihre Bedeutung sank, nachdem Brasília 1960 Hauptstadt wurde. Und wer sorgt für alles andere? São Paulo, die Megacity.

Die Gastronomie hat sich durch die vielen Einflüsse der Migranten stark diversifiziert, ohnehin gab es ja nie *eine* ›nationale‹ Küche – schon allein wegen der Dimension des Landes. Man spricht von sechs regionalen Küchen, die vom Amazonas bis zur Provinz Rio Grande do Sul reichen und mit den vier Zeitzonen zusammenhängen. Auf ihr breit gefächertes Angebot mit indigenen und afrikanischen Ingredienzen ist man sehr stolz. Dabei entwickelte sich die Küche deutlich progressiver als die Politik, die die Rechte der Indigenen unverändert und kontinuierlich einschränkt, insbesondere in den schrumpfenden Reservaten. Der Anteil der Schwarzen in den Universitäten und höheren Berufen entspricht noch immer nicht ihrem prozentualen in der Bevölkerung: Die Liste der Verfehlungen und Missstände kann problemlos ausgeweitet werden. Die Behauptung, mit der sich Brasilien jahrzehntelang schmückte, dass es keine Rassenprobleme kenne, wird inzwischen durch jede Statistik widerlegt. 200 Jahre nach der Erklärung der Unabhängigkeit Brasiliens, also 2022, sind die Nachkommen der Versklavten noch immer ärmer und sterben früher als ihre weißen Mitbürger. Schwarze und Mestizen, etwa 56 Prozent der Gesamtbevölkerung, bleiben weitgehend von der politischen Macht ausgeschlossen.

Die Küche scheint weiter zu sein, denn weltberühmte Chefs wie Alex Atala (*1968) loben die Verschmelzung der Ethnien ›im Kochtopf‹ und betonen deren vielfältigen Beitrag zur Entwicklung des Landes. Alles findet sich heute in den Küchen – das raffinierteste japanische oder italienische Gericht ebenso wie das einfache oder verfeinerte autochthone Essen, das eben auf Maniok, Früchten und Nüssen beruht. Dazu alle Arten von Fusionen. Dank der kulinarischen Globalisierung verbreitet sich allmählich auch die brasilianische Küche mit ihren Besonderheiten, allen voran die aus Salvador Bahia, die wegen ihrer Verwendung des Dendê-Öls den Speisen die charakteristische orangene Färbung verleiht. Aber man spricht nach wie vor nicht von einer einheitlichen oder nationalen Küche. Die Spezialitäten der einzelnen Regionen sind selbst in Brasilien nicht überall zu finden – nur in den Metropolen existiert ein breitgestreutes Angebot. Wir befinden uns eben nicht in einem Land, sondern auf einem Kontinent.

Sakerinha

Die japanische Version des Caipirinha

Wir bieten zwei Versionen an, eine mit Kiwi und eine mit roten Früchten, beide mit Zutaten für vier 200-ml-Gläser. Die Art der Zubereitung ist die gleiche.

Kiwi Sakerinha

5 reife geschälte Kiwis
Vollrohrzucker nach Geschmack
Saft von 4 großen, frisch gepressten Limetten
240 ml Sake
zerstoßenes Eis

Rote Frucht Sakerinha

1 große Handvoll Erdbeeren oder Himbeeren oder eine Mischung aus gefrorenen Beeren
Vollrohrzucker nach Geschmack
Saft von 4 großen, frisch gepressten Limetten
240 ml Sake
zerstoßenes Eis

Zubereitung

Die Früchte mit dem Zucker leicht pürieren, dann den Limettensaft, den Sake und das zerstoßene Eis hinzufügen. Gut mischen und sofort servieren.

Tipp

Weintrauben, Wassermelone, Passionsfrucht oder Ananas eignen sich ebenfalls hervorragend für Sakerinhas. Auch mit ausschließlich Limetten lässt sich ein wunderbarer Cocktail zubereiten.

Lateinamerika hat noch viel mehr zu bieten

Mexiko, Peru, Brasilien – das waren kulinarische Schmelztiegel in der fünfhundertjährigen Geschichte Lateinamerikas. Aber in allen neunzehn spanischsprachigen Ländern auf dem Kontinent gibt es landesspezifische Küchen mit sehr eigenen Ausprägungen. Dazu kommen noch die mehrsprachigen karibischen Inseln. So bietet Lateinamerika eine kaum überschaubare Anzahl regionaler Speisen, Geschmacksrichtungen und Zubereitungsweisen. Es fehlt der Platz, um auf diese Vielfalt auch nur oberflächlich einzugehen.

Dennoch sollen aus dem Cono Sur (zu dem auch Uruguay und Paraguay zählen) zumindest Chile und Argentinien erwähnt werden, und von den Andenländern Kolumbien (es fehlen Bolivien und Ecuador). Kuba wiederum repräsentiert als einzige Insel die Karibik mit ihrer Vielfalt von Kulturen und Sprachen, ein »Abstecher« erwähnt Venezuela.

Die Landschaft im Süden Brasiliens ähnelt in vielem den fruchtbaren Weiden Uruguays, Fleisch ist omnipräsent. Also gibt es auch hier den ›asado‹ als typisches Festessen für Familien und Freunde. In Argentinien hat man daraus ein nationales Narrativ gemacht. Der argentinische Romancier Juan José Saer (1937–2005) schreibt im Roman *El río sin orillas* (Der Fluss ohne Ufer): »Das auf der Holzkohle gebratene Rindfleisch, *el asado,* ist nicht nur das Grundnahrungsmittel der Argentinier, sondern der Kern ihrer Mythologie, und sogar seiner Mystik. Ein *asado* ist nicht nur das Fleisch, das gegessen wird, sondern auch der Ort, wo gegessen wird, der Anlass, die Zeremonie. Es ist nicht nur das Ritual, um die Vergangenheit zu beschwören, es ist auch das Versprechen eines Wiedersehens und einer Kommunion. Als Erinnerung an die patriarchalische Vergangenheit der Pampa ist es ein

Nahrungsmittel, voll von ländlichen und virilen Konnotationen, denn im Allgemeinen bereiten die Männer ihn vor. Neben den Fleischstücken der Kuh werden praktisch alle Innereien und anderen Teile auf den Rost gelegt: Eingeweide, Nieren, Bries, Herz, Euter der Kuh und Testikel des Stiers. Der *asado* wird auf kleinem Feuer gegart und kann Stunden dauern, aber diese langsame Zubereitung ist weniger eine goldene Regel denn ein Vorwand, um die Vorbereitungen auszudehnen, d.h. das lebhafte Gespräch, das allmähliche Eintreffen der Gäste mit einer Flasche Wein, um etwas beizusteuern ... Der *asado* versöhnt die Argentinier mit ihren Ursprüngen und gibt ihnen eine Illusion von historischer und kultureller Kontinuität ... und jeder Anlass ist willkommen, um ihn vorzubereiten. Wenn Freunde aus dem Ausland kommen, wenn jemand einen beruflichen Erfolg hatte, wenn gutes Wetter ist.« Dazu reicht man *chimichurri,* die beliebte scharfe Kräutersauce, sowie *empanadas criollas,* die seit langem weltweit bekannten ›Pasteten‹.

In Chile findet sich eine außerordentliche Vielfalt an Meeresfrüchten auf den Speisekarten, und *el loco,* eine Meeresschnecke, gilt als besondere Delikatesse, zumal die Bestände schrumpfen. Das gebratene Meerschweinchen, *cuy (conejo de Indias),* ist beliebt im ganzen Land und Tradition – wie in Peru verzehrt man es seit den Zeiten der Inka. Dazu werden Kartoffeln gereicht, von denen es auch hier »endlos viele Sorten oder Qualitäten gibt, rote, violette, schwarze, weiße, gelbe, runde, längliche und so weiter«, wie Isabel Allende (*1942) in *Mayas Tagebuch* erläutert. Es heißt, »dass man sie bei abnehmendem Mond setzt und nie an einem Sonntag, dass man Gott dankt, wenn man die erste setzt und die erste erntet, und dass man sie besingt, während sie in der Erde schlummern«. Ob die europäischen Bauern das genauso gemacht haben?

Nur wenige Chilenen haben vermutlich *curanto* gegessen, ein besonders arbeitsaufwändiges Gericht. Die traditionelle Zubereitung wird vor allem auf der mythenreichen und erdbebengeplagten Insel Chiloé gepflegt, vor allem für die Fremden. Wir hören noch einmal Isabel Allende: »Eine üppige und deftige Schlemmerei, an der das ganze Dorf beteiligt ist. Die Vorbereitungen begannen früh, denn die Boote der Ökotourismus-Veranstalter treffen vor dem Mittag ein. Die Frauen hackten Tomaten, Zwiebeln, Knoblauch und frischen Koriander für die Würze und bereiteten aufwändig und langwierig *milcao* und *chapalele* zu, eine Art Brötchen aus Kartoffeln, Mehl, Schweineschmalz und Grieben, ungenießbar, wenn man mich fragt, und unterdessen gruben die Männer am Strand ein großes Loch, legten den Boden mit Steinen aus und entzündeten darüber ein Feuer. Als die Scheite heruntergebrannt waren, glühten die Steine .... Die *curanto*-Köche stellten Tonschalen auf die Steine, um den Sud aufzufangen, der, wie allgemein bekannt, aphrodisisch wirkt, darüber kamen in Schichten *chapalele* und *milcao*. Fleisch vom Schwein, Lamm und Huhn, Muscheln, Fisch, Gemüse und weitere Köstlichkeiten ... man deckte alles mit feuchten, weißen Tüchern zu. Dann mit riesigen Gunnera-Blättern, mit einem Jutesack, der wie ein Rock über dem Rand des Lochs ragte. Und am Ende Sand. Das Garen dauerte etwas über eine Stunde ... die erfahrenen Köche wussten genau, wann die kulinarischen Schätze gehoben werden konnten, und schippten den Sand beiseite, entfernten vorsichtig den Sack, die Blätter und die Tücher, und eine Wolke köstlicher Düfte stieg uns in die Nase ... Dazu gab es Pisco Sour, das chilenische Nationalgetränk.«

Eintöpfe gibt es in zahllosen und oft komplizierten Varianten in ganz Lateinamerika. In Kolumbien heißt ein typisches Familiengericht *ajiaco bogotano*. Dafür braucht man eine mehlige und eine festkochende Kartoffelsorte, dann Huhn, Mais, Koriander, *guasca* (getrocknetes Franzosenkraut), Lauchzwiebeln und Knoblauch und fügt zuletzt Kapern und Avocadoschnitze hinzu. Ein weiterer kolumbianischer Eintopf, der *sancocho*, vermischt Schwein, Rind und Huhn. Jede Region variiert ihn mit eigenen Zutaten, an den Küsten wird er mit Fisch zubereitet. *Ajiaco* gibt es auch auf Kuba, und es heißt, dass dieses Gericht, in dem sich alles mit allem vermischt, zunächst in den Höhlen gekocht wurde, wo Indigene und geflohene Schwarze Zuflucht gesucht haben.

Schwarze Bohnen und Reis sind die wichtigsten Ingredienzen des kubanischen Gerichtes für die gesamte Bevölkerung, *moros y cristianos*, und die nahrhaften Bohnen dienen als Fleischersatz. Oft kommen gebratene gelbe Bananen und ein Spiegelei hinzu. ›Mauren und Christen‹ verweisen auf die langen Kämpfe zwischen den beiden Religionen in Spanien, die heute noch als Tradition in einigen Regionen – wie auf Mallorca und in der Levante – auf Volksfesten ausgetragen werden. Auf Kuba erhielten sie die kulinarische Umdeutung.

Die Küche Venezuelas kommt nicht ohne *arepas* aus, die morgens, mittags und abends gegessen werden. Das sind kleine Teigtaschen aus Maismehl, die mit unterschiedlichen Zutaten gefüllt und wie Brot verwendet werden. Ein bescheidenes Nationalgericht existiert seit der Kolonialzeit, *pabellón criollo*, das schwarze Bohnen und zerfasertes Rindfleisch mischt, dazu serviert man Reis und in Scheiben geschnittene und gebratene grüne Kochbananen, *patacones*, die karibischen Pommes frites. Wohlhabende Venezolaner essen viel Fisch und alle möglichen Schalentiere, und die gegrillten Langusten sind besonders begehrt. Zum Glück ist das Angebot der Karibik (noch immer) sehr üppig.

Viele ›typische‹ Gerichte aus Lateinamerika stehen inzwischen auf den internationalen Speisekarten. Seit zwanzig Jahren bieten Spitzenköche aus Peru, Mexiko, Brasilien und anderen Ländern ihre kulinarischen Kreationen an, die höchste Gourmetansprüche erfüllen. Chefs wie Gastón Acurio, Virgilio Martínez und Pía León aus Peru, Alex Atala aus Brasilien, Rodolfo Guzmán (*1979) aus Chile, Enrique Olvera (*1976) aus Mexico (die Liste kann mühelos verlängert werden) stehen selbstbewusst neben ihren europäischen Kollegen und sammeln Preise und Michelin-Sterne.

Noch steht die Erforschung der Küchen Lateinamerikas weitgehend an ihren Anfängen, aber der weltweite Hype der Kochkunst sowie die Gründung von Universitätsfakultäten und Kochschulen, die Tradition und Moderne der einzelnen Länder untersuchen und verbinden, tragen allmählich zu einer besseren Kenntnis bei. Kochbücher helfen, sowohl nationale wie regionale Speisen international bekannt zu machen; ihre Zahl steigt spektakulär an. Lateinamerikanische Fernsehköche erläutern nicht nur in der Heimat, sondern oft weltweit ihre Gerichte. Offensichtlich herrscht eine immense Nachfrage. Bei der Lektüre oder beim Durchblättern der Publikationen sowie in den Kochshows erfährt man – en passant – auf erfreuliche Weise viel über die unbekannten Speisen Lateinamerikas und zugleich über seine vielfältigen, oft tausendjährigen Kulturen.

Dank

Wenig Platz für viel Dank: Er geht an Freundinnen, Autoren, Agentinnen, die ich leider nicht namentlich aufzählen kann – die Liste wird zu lang. Aber sie alle wissen, wie sehr sie geholfen haben mit Buchtipps, Korrekturvorschlägen, Ergänzungen, Anregungen. Nennen möchte ich aber meine Tochter Judith, die mich mit ihrer Freundin Sabine bekannt gemacht hat – sonst gäbe es dieses Buch nicht. Desgleichen Prof. Sérgio Costa für die gründliche Durchsicht des Textes. Und natürlich Susanne Schüssler sowie dem Wagenbach-Team für die vortreffliche Betreuung, insbesondere Corinna Gathmann, Laura Relitzki und Beatrice Renauer.

Michi Strausfeld

Viele großartige Menschen haben mich bei dieser schönen kulinarischen Reise mit Michi Strausfeld begleitet und unterstützt. Ich danke allen ganz herzlich, insbesondere meiner Nichte Melissa Hueck de Sánchez, Marcela Briz Garizurieta vom Restaurant El Cardenal-México, Ivette Pérez de Wenkel von Taco Tales Berlin, Monica Kisic von Roots Radicals sowie Lorenza Villa Lever & Carlos Alba, Natalie Sell, Marina Jacoby, Zezé Soares, Eloísa Martín, Sérgio Costa und Susanne Schüssler und dem ganzen Team des Verlags. Danke von Herzen!

Sabine Hueck

Bibliographie

Vorwort

Martínez, Virgilio: *América latina. Gastronomía,* Phaidon Press Ltd. London/New York 2021

Mexiko

Artes de México, no. 122, Agosto 2016

Asturias, Miguel Ángel: *Die Maismenschen,* überarbeitete Üb. von Willi Zurbrüggen, Lamuv-Verlag, Göttingen 1992

Calderón de la Barca, Frances: *Viva Mexiko! Im Wirbel der Revolution,* üb. Klaudia Ruschkowski, Ed. Erdmann im Verlagshaus Römerweg, Wiesbaden 2017

Calvino, Italo: *Unter der Jaguar-Sonne,* üb. Burkhart Kroeber, Fischer Taschenbuch 90537, Frankfurt am Main 2014

Castañón, Adolfo: »Tránsito de la cocina mexicana en la historia«, in: *Conferencias magistrales,* Santo Domingo 2011

Cortés, Hernán: *Die Eroberung Mexikos. Drei Berichte an Kaiser Karl V.,* üb. Mario Spiro und C. W. Koppe, hg. Claus Litterscheid, Insel, Frankfurt am Main 1980

Díaz del Castillo, Bernal: *Wahrhafte Geschichte der Entdeckung und Eroberung von Mexiko,* hg. u. bearb. von Georg A. Narciss, Insel, Frankfurt am Main 1981

Esquivel, Laura: *Bittersüße Schokolade,* üb. Petra Strien, suhrkamp taschenbuch 2391, Frankfurt am Main 1994

Ibargüengoitia, Jorge: *Instrucciones para vivir en México,* Joaquín Mortíz, México D.F. 1998

Kisch, Egon Erwin: »Geschichten mit dem Mais«, »Agavenhain in der Kaschemme«, in: *Entdeckungen in Mexiko,* in: *Gesammelte Werke,* Bd. VII, Aufbau, Berlin 1967, S. 381–390, 514–523

Mastretta, Ángeles: *Mexikanischer Tango,* üb. Monika López, Suhrkamp, Frankfurt am Main 1988

Mota, Ignacio H. de la: *El libro del chocolate,* Ed. Pirámide, Madrid 1992

Neruda, Pablo: *Elementare Oden, Neue Elementare Oden, Drittes Buch der Oden,* üb. Erich Arendt, hg. Karsten Garscha, Luchterhand, Darmstadt/ Neuwied 1985

Novo, Salvador: *Cocina mexicana o Historia gastronómica de la ciudad de México*, 3. Aufl., Porrúa, México 1973 (Erstausgabe 1967)

Paso, Fernando del/Paso, Socorro del: *Die Küche Mexikos*, Mandelbaum Verlag, Wien/Berlin 2020

Reyes, Alfonso: *Memoria de cocina y bodega*, Fondo de cultura económica, México 1953

Rivera, Guadalupe/Colle, Marie-Pierre: *Mexikanische Feste. Die Fiestas der Frida Kahlo*, Christian Verlag, München 1998

Sahagún, Bernardino de: *Aus der Welt der Azteken*, üb. Leonhard Schultze Jena, Insel, Frankfurt am Main 1989

Seler, Eduard: *Reisebriefe aus Mexiko*, Ed. Classic, VDM Verlag Dr. Müller, Saarbrücken 2007

Villalobos, Juan Pablo: *Fiesta in der Räuberhöhle*, üb. Carsten Regling, Berenberg, Berlin 2011

Villoro, Juan: *El vértigo horizontal. Una ciudad llamada México*, Almadía, México D.F. 2018

VV.AA.: *La cocina mexicana a través de los siglos* (5 Bde.), Ed. Clío, México D.F. 1999

Peru

Acosta, José de: *Das Gold des Kondors. Berichte aus der Neuen Welt 1590 und Atlas zur Geschichte ihrer Entdeckung*, hg. und üb. Rudolf Kroboth und Peter H. Meurer, Ed. Erdmann im K. Thienemanns Verlag, Stuttgart 1991

Castellanos, Juan de: *Elegias de varones ilustres de Indias*, Acad. Nacional de Historia, Caracas 1962

Cieza de León, Pedro: *Auf den Königsstraßen der Inkas*, hg. Victor Wolfgang von Hagen, üb. Karl H. Kosmehl, Steingrüben, Stuttgart 1971

Cobo, Padre Bernabé: *Historia del Nuevo Mundo*, BAE No. LXXXXI, Madrid 1956

Dumas, Alexandre: *Kleines Wörterbuch der Kochkünste*, üb. Joachim Schultz, Matthes & Seitz, Berlin 2020

Neruda, Pablo: *Elementare Oden, Neue Elementare Oden, Drittes Buch der Oden*, üb. Erich Arendt, hg. Karsten Garscha, Luchterhand, Darmstadt/Neuwied 1985

Olivas Weston, Rosario: *La cocina de los Incas. Costumbres gastronómicas y técnicas culinarias*, Universidad San Martín de Porres, Lima 2001

Olivas Weston, Rosario (Hg.): *La cocina en el virreinato del Perú*, Universidad San Martín de Porres, Lima 1998

Olivas Weston, Rosario: *Cultura, identidad y cocina en el Perú*, 2. Aufl., Universidad San Martín de Porres, Lima 1996

Palma, Ricardo: *Tradiciones peruanas*, Peisa, Lima 2011

Tristan, Flora: *Meine Reise nach Peru. Fahrten einer Paria*, üb. Friedrich Wolfzettel, Vorw. Mario Vargas Llosa, üb. Elke Wehr, Insel, Frankfurt am Main 2004

Vargas Llosa, Mario: *Diccionario del amante de América Latina*, Paidós, Barcelona 2006

Vega, Garcilaso de la (el Inca): *Wahrhaftige Kommentare zum Reich der Inka*, hg. Ursula Thieme-Sachse, üb. Wilhelm Plackmeyer, Rütten & Loening, Berlin 1986

VV.AA.: »El mito de la coca«, in: *Literatura quechua*, hg. Edmundo Bendezú Aybar, Biblioteca Ayacucho, Caracas 1980

Brasilien

Die reiche Fracht des Pedro Álvares Cabral. Seine indische Fahrt und die Entdeckung Brasiliens 1500–1501, hg. Johannes Pögl, Thienemann, Ed. Erdmann, Stuttgart/Wien 1986

Amado, Jorge: *Dona Flor und ihre zwei Ehemänner*, üb. Curt Meyer-Clason, Piper, München 1968

Amado Costa, Paloma Jorge: *A comida baiana de Jorge Amado ou O livro de cozinha de Pedro Archanjo com as merendas de D. Flor*, Ed. Maltese, São Paulo 1994

Dies.: *As frutas de Jorge Amado*, Companhia das Letras, São Paulo 1997

Atala, Alex: *Por uma gastronomía brasileira para ler*, BEI, São Paulo 2003

Augel, Moema Parente: *Brasilianisch kochen. Gerichte und ihre Geschichte*, Ed. Diá, Sankt Gallen/Wuppertal 1985

Buarque, Chico: »Feijoada completa«, www.vagalume.com.br/chico-buarque/feijoada-completa.html

Câmara Cascudo, Luis da: *História da alimentação no Brasil*, Global Editor, São Paulo 2004

Castro, Josué de: *Der Krebskreis*, üb. Sigurd Schmidt, Verlag Neues Leben, Berlin 1970

Dória, Carlos Alberto: *Estrelas no céu da boca. Escritos sobre culinária e gastronomia*, Ed. Senac, São Paulo 2006

Freyre, Gilberto: *Herrenhaus und Sklavenhütte. Ein Bild der brasilianischen Gesellschaft*, üb. Ludwig Graf von Schönfeldt, Klett-Cotta, Stuttgart 1982

Léry, Jean de: *Unter Menschenfressern am Amazonas. Brasilianisches Tagebuch 1556–1558*, Erdmann, Tübingen/Basel 1977

Lobo, Luiz/Fernandes, Carlos Alberto: *A Cozinha brasileira*, Ed. Claudia, São Paulo 1971

Montaigne, Michel de: *Essais*, üb. Hans Stilett, Die Andere Bibliothek, Eichborn, Frankfurt am Main 1998

Moraes, Vinicius de: *Para viver um grande amor*, Ed. do Autor, Rio de Janeiro 1962

Moura Hue, Sheila: *Delícias do descobrimento*, Ed. Zahar, Rio de Janeiro 2009

Ribeiro, João Ubaldo: *Brasilien, Brasilien*, üb. Curt Meyer-Clason u. Jacob Deutsch, Suhrkamp, Frankfurt am Main 1988

Rugendas, Johann Moritz: *Malerische Reise in Brasilien*, Faks.-Ausg., Daco-Verlag, Stuttgart 1986

Staden, Hans: *Zwei Reisen nach Brasilien*, Ed. Karl Fouquet, Verein Regionalmuseum Wolfhager Land, Wolfhagen 2017

Vaz de Caminha, Pero: »Die natürlichen Wilden«, in: *Die Neue Welt*, hg. Emir Rodríguez Monegal, suhrkamp taschenbuch 811, Frankfurt am Main 1982, S. 78–80

Vespucci, Amerigo: »Die Neue Welt«, in: *Die Neue Welt*, hg. Emir Rodríguez Monegal, suhrkamp taschenbuch 811, Frankfurt am Main 1982, S. 81–88

Wätzold, Tim: *Vom kaiserlichen zum nationalen Koch. Ernährungsgeschichte des brasilianischen Kaiserreichs*, Brasilienkunde-Verlag, Mettingen 2011 (Aspekte der Brasilienkunde, Bd. 31)

Wied-Neuwied, Maximilian Prinz zu: *Reise nach Brasilien in den Jahren 1815 bis 1817*, hg. Wolfgang Joost, Ed. Leipzig, Leipzig 1987

VV.AA.: *Isto não é (apenas) um livro de receitas – é um jeito de mudar o mundo*, UNIRIO/Fundação Heinrich Böll, Rio de Janeiro 2019

Epilog

Allende, Isabel: *Mayas Tagebuch*, üb. Svenja Becker, Suhrkamp, Berlin 2012

Saer, Juan José: *El río sin orillas*, Alianza, Buenos Aires 1991

© Hartwig Klappert

Michi Strausfeld verantwortete von 1974 bis 2008 bei Suhrkamp die iberoamerikanische Literatur, danach bis 2015 beim S. Fischer Verlag. In Spanien gründete sie die Reihe »Las Tres Edades« bei Siruela (1989–2014). Sie hat etwa zwanzig Anthologien veröffentlicht, zuletzt *Barcelona. Eine literarische Einladung* sowie die Monographie *Gelbe Schmetterlinge und die Herren Diktatoren. Lateinamerika erzählt seine Geschichte.*

© Perola Films

Sabine Hueck ist als Tochter deutscher Auswanderer in São Paulo aufgewachsen. In Berlin betreibt sie das *Atelier Culinário*. Sie hat verschiedene Kochbücher veröffentlicht und kocht seit 2019 in der Fernsehsendung *Con sabor y saber* der Deutschen Welle.

Lesen Sie weiter ...

Dieter Richter
Con gusto

Die kulinarische Geschichte der Italiensehnsucht

Dieter Richter erzählt – wie immer kulinarisch und mit großer Kennerschaft – die Kulturgeschichte einer Begegnung: Wie die italienische Küche in den Norden kam und zur Zauberformel des guten Lebens wurde. Von Goethes Italienreise bis zur Mittelmeerdiät.

SVLTO. Rotes Leinen. Fadengeheftet. 168 Seiten mit vielen Abbildungen

Françoise Hynek, Peter Urban-Halle
Jahreszeiten der französischen Küche

Eine kulinarische Reise mit 77 Rezepten

Für zwei Dinge – so sagt man – lassen sich die Franzosen und Französinnen gerne viel Zeit: für die Liebe und fürs Kochen. Dieses schön gestaltete Kochbuch führt mit vielen Anekdoten und Rezepten genüsslich durch Frankreichs Jahreszeiten und Regionen.

SVLTO. Rotes Leinen. Fadengeheftet. 168 Seiten mit vielen Abbildungen

Massimo Montanari
Spaghetti al pomodoro

Kurze Geschichte eines Mythos

Maccheroni, Tagliatelle, Vermicelli … der große Historiker der europäischen Ernährungsgeschichte hat mit »gusto« ein kleines Meisterwerk über die Mutter aller italienischen Gerichte verfasst.

SVLTO. Rotes Leinen. Fadengeheftet. 144 Seiten mit vielen Abbildungen

Gaumenfreuden erschien
im Frühjahr 2023 als 276. *SVLTO.*

Emser Straße 40/41, 10719 Berlin www.wagenbach.de

Covergestaltung Julie August unter Verwendung einer kolorierten Zeichnung (um 1900) © INTERFOTO / Alamy Stock Photo. Gesetzt aus der Arno und der Cheva Display. Leinen von Gebr. Schabert, Strullendorf. Vorsatzmaterial von peyer Graphic, Leonberg. Gedruckt und gebunden bei Beltz Grafische Betriebe, Bad Langensalza. Printed in Germany.

ISBN 978 3 8031 1375 7

Lesen Sie weiter ...

Dieter Richter
Con gusto

Die kulinarische Geschichte der Italiensehnsucht

Dieter Richter erzählt – wie immer kulinarisch und mit großer Kennerschaft – die Kulturgeschichte einer Begegnung: Wie die italienische Küche in den Norden kam und zur Zauberformel des guten Lebens wurde. Von Goethes Italienreise bis zur Mittelmeerdiät.

SVLTO. Rotes Leinen. Fadengeheftet. 168 Seiten mit vielen Abbildungen

Françoise Hynek, Peter Urban-Halle
Jahreszeiten der französischen Küche

Eine kulinarische Reise mit 77 Rezepten

Für zwei Dinge – so sagt man – lassen sich die Franzosen und Französinnen gerne viel Zeit: für die Liebe und fürs Kochen. Dieses schön gestaltete Kochbuch führt mit vielen Anekdoten und Rezepten genüsslich durch Frankreichs Jahreszeiten und Regionen.

SVLTO. Rotes Leinen. Fadengeheftet. 168 Seiten mit vielen Abbildungen

Massimo Montanari
Spaghetti al pomodoro

Kurze Geschichte eines Mythos

Maccheroni, Tagliatelle, Vermicelli ... der große Historiker der europäischen Ernährungsgeschichte hat mit »gusto« ein kleines Meisterwerk über die Mutter aller italienischen Gerichte verfasst.

SVLTO. Rotes Leinen. Fadengeheftet. 144 Seiten mit vielen Abbildungen

Wenn Sie mehr über den Verlag und seine Bücher wissen möchten, schreiben Sie uns eine Postkarte oder elektronische Nachricht (mit Anschrift und E-Mail). Wir informieren Sie dann regelmäßig über unser Programm und unsere Veranstaltungen.

Verlag Klaus Wagenbach Emser Straße 40/41 10719 Berlin
www.wagenbach.de vertrieb@wagenbach.de

Gaumenfreuden erschien
im Frühjahr 2023 als 276. *SVLTO.*

Emser Straße 40/41, 10719 Berlin www.wagenbach.de

Covergestaltung Julie August unter Verwendung einer kolorierten Zeichnung (um 1900) © INTERFOTO / Alamy Stock Photo. Gesetzt aus der Arno und der Cheva Display. Leinen von Gebr. Schabert, Strullendorf. Vorsatzmaterial von peyer Graphic, Leonberg. Gedruckt und gebunden bei Beltz Grafische Betriebe, Bad Langensalza. Printed in Germany.

ISBN 978 3 8031 1375 7